太虛大師開示語錄 1

雅言篇

唯我之私如是故絕待，唯物之私亦然故圓融；絕待故，唯私無公，圓融故，私亦不存；此人生觀、世界觀一致之極詣也。

太虛大師 著

華夏出版公司本著「弘揚傳統文化，好書永世流傳」的理念，因舊版圖書年代久遠，囿於時空因素，在尚未能聯繫到原著作人並取得同意下，重新出版了這本著作，如有侵權，敬請著作權人或其親友和華夏出版公司聯繫，謝謝您。

太虛法師文鈔總目

以上共分十編先印第一編至第三編餘候續印

太虛法師文鈔初集目錄

太虛法師肖像

第一編　雅言

太虛法師文鈔初集

第一編　雅言

弟子　王明福慧力
謝健慧堅　編校
張善長

致私篇

天下亦私而已矣。無所謂公也。陸子曰。宇宙內事皆己分內事。夫宇宙內事。既皆屬己分內事。則宇宙之外。設更有事。亦己分內事耳。信如是。則盡法界虛空界盡未來際。固莫非己分內事也。盡法界虛空界盡未來際之事。既莫非己分內事。則可知除己分內事更無一事之可述也。然則人之任事。無論至於何地所任之事。要皆己分內事耳。爲己分內事。非私而何。夫天下無往非己分內事。卽天下無往非私。故曰天下亦私而已。無所謂公也。

雖然。天下之攘攘擾擾。競權爭利。演種種之慘劇怪劇。以致社會不能安寧者。皆由於有私耳。仁人君子。冀消弭種種之慘劇怪劇。以維持社會之安寧。方使人背私就公。不暇顧吾乃一筆抹煞之曰。天下亦私而已矣。無所謂公也。寧不益長私競之氣䃪乎。雖然。我之所謂私。非背公之謂。亦非大小遞進如吾友某君之所云者。蓋以凡時間空間形上形下。萬事萬物。萬法萬理。莫非己分內者。莫非我之私有者。除我之私有者外。更無一事一物一法一理。乃至如微塵許。如芥子許。唯我之私。如是故絕待。唯物之私亦然。故圓融絕待。故唯私無公。圓融故私亦不存。此人生觀世界觀一致之極詣也。或曰。萬物顯然萬物。我顯然我。初未見我爲萬物。有萬物爲我有也。萬事萬物。萬法萬理。莫非我之私有者。亦一空言耳。證之實際。未識其當也。嗚呼。是蓋泥於妄執之我見而不知夫有眞我故也。請言眞我。眞我者眞我耳。非思量擬議之所及。又豈言辭所能喩哉。無已。姑以妄執之我見反顯之。譬畫月者。轉而畫雲。雲相擁處。一輪皎然而現。月之眞相。以雲形之而盡見。是亦天下之一巧也。竊取斯義用妄我反顯眞我。今試問所謂萬物顯然萬物。我顯然我。果以何者爲我而曰我顯然我耶。手足耶。頭顱耶。腰肢耶。心胸耶。眼耳鼻舌耶。臟肺肝腦耶。彼是則此非。此是則彼非。其均是耶。抑均非耶。藉曰均是耶。則父母未生之前。固未嘗有是也。死亡消滅之後。亦未嘗有是也。而處此數十年間。忽而孩提。忽而兒童。忽而壯大。忽而衰老。忽而疾病。忽而健康。陳陳相蛻。新新不已。抽足卽逝。交臂卽非。如是其又誰爲我耶。藉曰均非也。而別有知覺靈魂爲之我也。則赤子初生。僅知啼耳。嗣後知覺漸開。要皆感境而生。非必本具也。卽知識之出生及存在之點。亦不易知。在心在腦。皆武斷之言耳。況人之思想意識。至無定者也。方思未來。忽憶過去。方念天上。忽慮人間。以至方悲忽歡。方怒忽喜。方恨忽愛。方憂忽樂。凡是其又將以何者爲我耶。藉曰此皆對境而生之情狀。胥非我也。是則除夫形骸知覺。所謂我者。固何在耶。此可見所謂我顯然我。物顯然物。物對物而云我。非眞有一我在也。離去對待之物。我本無我。我旣本無。又誰與萬物顯然對待哉。由我之本無。以推萬物。則可知萬物亦本無也。物我雙忘。而後卽物卽我。非物非我。之眞我乃恍然見之。

眞我乎。眞我乎。歷萬刼而常然。蘊萬物而彌純。包藏無量天地而不爲富。出生無窮種類而不爲巧。聲聲色色而未始聲聲色色。毀毀成成而未始毀毀成成。橫極十方。無限無限。豎窮三際。無盡無盡。其大無膚。其小無腹。窈冥恍惚。晶瑩炳靈。無有乎弗具。無有乎或變。塵塵然。物物然。萬有之元宗。自在之眞宰也。一旦得之。則天人同根。

物我一本之理。朗若列眉。尙何疑耶。我之爲我。如是其廣大悠久。地球之生成壞滅於眞我之中者。不啻微塵之起落於太空。其爲物固甚小。其爲時固甚暫也。固不必有驚於世界大同之說也。

抑人之以地球大者。因人小耳。他世界有偉大衆生。其身量較地球大什伯倍者。彼之視地球。曾不翅拳大一土塊而已。又人之以拳大之土塊爲小者。因人大耳。設以微生之類處此拳大之土塊。應不異人之處於地球也。地球固大乎哉。土塊固小乎哉。亦人之自生區別焉耳。唯眞我無對待。故無比較。無大小。無比較無大小者。又生比較者大小者之所能乎。天台宗所謂一念三千。華嚴宗所謂法界唯心所造。爲庶幾耳。信如是。則某君所云佛能言愛。能言無。不能言有者。誤矣。以愚意斷之。竟是某君能知佛之偏。不能知佛之全。能知佛之一二。不能知佛之三耳。眞空不空。妙有非有。所謂空者。又何不可謂之有。所謂有者。又何不可謂之空哉。要言之。一卽三。三卽一。能言無者。果未有能言愛言有者。能言愛言有者。亦若是。則已矣。所謂隨拈一物。莫非卽假卽空卽中者是也。明乎此。則可知物物皆私。物物之私。莫不豎橫窮徧有能充此私之量者。雖天地不足爲也。王陽明好言致良知。余則換言致私。是同是別。且質之具眼者。余不復畫蛇添足再爲之論斷。

宇宙真相

憶余總角時。春深日暮。玩弄既倦。閒旋繞於鄉老之膝前。嘗聞其相談曰。昔有一士者。一樵者。一漁者。士者處城。樵者處山。漁者處江。一旦邂逅。以漁者之魚。烹以樵者之薪。傾士者所携酒而共酌之。三杯落肚。萬慮忘懷。士者曰。吾曹操業。無或同者。今之良會。殆非易得。盍各言所知。以佐逸興。請自僕始。爲二君倡。今吾人仰視一輪赫然而高懸者。非日乎。二君知日之赫然高懸空中。亦知日之出於何所。而入於何所乎。僕辨色而起。觀日之騰騰然漸昇漸高。出於城之東隅。揚清光以照臨吾室。既暮觀日之頹頹然。載墜載下。入於城之西隅。迴餘輝以掩映吾窗。歷數十年無少異。夫亦可謂極經驗之能事矣。此現前之顯且易見者。二君所知應不僕殊也。樵者嗤之。若深形其妄者然。徐進曰。就余所見則不然。夫日。余固昕夕以覩其出山之東。而入山之西者也。樵者士者。相辯不已。折衷之漁者。漁者靦然曰。吾於二君之說。胥未敢苟同。吾但知此圜然之日輪曉。則從大江之東浴而出。夜則赴大江之西沒而入。吾未知其他矣。親目所覩。眞相斯存。雖有異說。不欲聞命。於是之三人者各是其是。各非其非。援引證據以實其說。諍論未竟。不覺垂暮。相得之情一變而成相敵之勢。不盡歡而散焉。余一歷耳根。深入識田。二十年於是。未之忘。今世界學者異說蠭起。橫議。孿生。思潮之複雜。理想之繁賾。索之冥冥。探之茫茫。出乎玄玄。入乎妙妙。各執其經驗所得。各有其證據。所陳光怪陸離。紛紜雜沓。竊爲之腦血充溢。目神眩騖而杳不知其所究竟者久矣。以例鄉老之談。雖未免擬於不倫。顧古今時異。東西俗殊。偏執其習見者。以相爲是非。私未敢必其皆眞理眞相所存。殆亦難免夫鄉老之笑言乎。第余之云此。非不足於今世學者之謂。乃不敢自是之謂也。余將有姑妄之言於是。欲世人以余言爲姑妄。而亦姑妄聽之。適用是發其端耳。嗚呼。吾其城居之士人耶。吾其山居之樵子耶。吾其江居之漁翁耶。吾其均是耶。吾其均非耶。吾誠不能自辨。吾不知異日之鄉老。將屬余爲誰何。以供其花前月下酒後茶餘之談助耶。雖然彼士者樵者漁者。皆敢於自是者。余則未敢自是而將以求信於天下者也。余之異於彼士者樵者漁者其在是乎。法人特嘉爾嘗高唱尊疑主義。以爲古今之學說。無一可信者。非概置之懷疑之例。衡於經驗。斷於智識。不足爲情實學者稱之曰懷疑派哲學。蓋卽經驗派之所出也。余所持論。豈卽懷疑派之附庸乎。此則不然。余蓋謂人皆有所偏蔽。瞭於近而昧於遠。實勢所必至。理有固然。毋偏執之太甚。是自而非彼。當謙懷而虛受。藉非以顯是而已。莊子曰。以指喻指之非指。不若以非指喻指之非指。以馬喻馬之非馬。不若以非馬喻馬之非馬。天下之非馬。天下之相諍。由於人己之互執。方欲與天下人解執而息諍。乃先執一說以諍之。此之謂益薪止沸。緣木求魚。故余亦曰以執使執之無執。不若以無執使執之無執。以諍使諍之無諍。不若以無諍使諍之無諍。是則微意之所存也。但盡凡情。別無聖解。能窮世相斯卽常住。夫宇宙萬有。一幻之表現耳。何眞相足云。吾人居宇宙萬有之一。亦微末已甚。所恃以爲眞者。僅眼耳鼻舌身之五接色聲香味觸之五而已。然眼所不及之色。遠鏡顯微鏡能及之。耳所不及之聲。電筒德律風能及之。從而遞推。異日所發明。必有鼻舌身所不及之香味觸。而藉器以及之者。且吾人之眼耳鼻舌身。固能與色聲香味觸相接者也。而有及有不及。可知藉品以及之者。亦必有及有不及也。故彼遠鏡顯微鏡所不及者。必有天眼慧眼法眼佛眼能及之。彼電筒德律風所不及者。必有天耳慧耳法耳佛耳能及之。而所見所聞無或同者。同一恒河之水。魚鱉見之爲窟宅。餓鬼見之爲火燄。天見之爲琉璃。人見之爲流水。凡是其所謂眞相者。固何存也。以不止五接五。尙莫得其眞相。況以五而接不止五乎。吾人其烏可恃眼耳鼻舌身所接色聲香味觸爲眞耶。宇宙一幻之總相。萬有一幻之別相。凡所有相。皆是幻相。以幻接幻。謂有眞相可得者。無有是處。

然特嘉爾曰。是實非幻者。唯意而已。何言乎唯意爲實。蓋意有是非而無眞妄。疑意爲妄者。疑復是意。若曰無意。則亦無疑。故曰惟意無幻。無幻故常住。吾生始終一意境耳。是則宇宙萬有。皆爲意境。萬境胥妄。惟意是眞。但意既眞矣。復何容疑。疑則妄矣。意寗是實。以余觀之。意爲幻末。意之與境。雖有本末。同是一幻。無非幻者。特氏知萬有之皆幻。此特氏之卓見也。而曰唯意非幻。則殆未免無量劫來生死本。癡人認作本來人歟。

余將下一斷語於是曰。宇宙無眞相。唯幻是眞相。宇宙無萬有。惟幻是萬有。宇宙無宇宙。唯幻是宇宙。以唯幻故。同一朗日皓月。緒風晤雨。同一名山大川。長林幽谷。或把酒吟嘯。觸境皆虛。或懷遠傷離。成形卽慘。以唯幻故。同一文字語言。仁者見仁。智者見智。同一天下國家。治者自治。亂者自亂。以唯幻故。智慧深則山河大地。立成金色。罪業重則食到口邊。都化猛火。以唯幻故。同一眼根。或恆沙世界。一滴之雨。皆知其數。或伏處斗室。三光偶隱。惟覩黑暗。以唯幻故。同一天地日月。或上圓下方。乾動坤靜。或日往地轉。曉東暮西。以唯幻故。同一人生。或爲舜爲跖。或爲彭爲殤。以唯幻故。世界無量。衆生無量。以唯幻故。諸佛出世。名號莊嚴。說法度人。各各相殊。畢竟同中。有畢竟異。夫何以故。曰以唯幻故。

以唯幻故。三界唯心。萬法唯識。以唯幻故。有一小衆生不得度。誓不成佛。度盡一切衆生。卒無有一衆生得滅度者。而佛界不增不減。以唯幻故。過去非去。未來非來。三世一時。十世一念。而不來不去。以唯幻故。森羅非異。無相非一。而不一不異。以唯幻故。是法住法位。世間相常住。而不生不滅。以唯幻故。因中無果。果中無因。而因果不昧。因果相成。以唯幻故。小中見大。大中見小。而大小懸絕。小大相融。畢竟異。中有畢竟同。夫何以故。曰以唯幻故。偉矣哉幻。虛空由之立。世界由之生。衆生由之出。國家由之成。宗教由之建。學術由之明。遠而日月星辰。近而肝胆手足。大而山嶽江海。細而塵芥虫蟻。六合內外。萬形上下。莫不依此不可思議之幻力而成而住壞。唯其皆依幻力而成。而住。而壞。故無成無住無壞。統宇宙萬有而渾成一大幻相。徧法界、虛空界、衆生界、無所不貫徹筦絡而充滿。吾無以字之。字之曰宇宙眞相。

無神論

無造物主

無靈魂

一切皆以無爲究竟

今世界學者。本自由平等之眞理。大都主張無神說。然亦有主張有神說。以言自由平等之理者。則泰西之宗教家是也。蓋今世學者。欲一洗現社會之習俗。使循天然的而達到自由平等之實際。泰西宗教家。乃以地球人類皆上帝愛子。無階級無界限。所賦之自由幸福莫不平等之說附會之此則一神教以神爲萬物之造主。俾人類同隸於一尊之下。而消滅一切等級界域者也。但亦有以神爲靈魂者。其說之能助人道之進化。促世界以大同。有二義焉。一曰有靈魂說之足以袪厭世思想也。蓋人之懷厭世思想者。以浮生百歲爲歡幾何。況不如意之境遇。常多於如意之境遇。於是乎遂生厭棄人世之心。此皆不知有靈魂之咎也。苟確知吾有靈魂。體魄有生死。靈魂無生死。凡吾所造德慧罪惡之別業。皆將與世界一切衆生之共業。隨因感果。乘萬化而遞嬗於無窮。初不同體魄而消滅。則便知世無可厭。且不須厭。自然汲汲以整飭身心。改善社會。期別業共業俱進於淳良完美。以享受永遠之安樂矣。二曰有靈魂說之足以破人我執見也。夫世之雖信有靈魂。而信之不堅確者。則謂縱有靈魂。轉生他世。彼時我既不憶爲我。固已不啻他人也。我亦窮吾心之所欲。盡吾力之所及。以自求一身數十年之快樂足矣。奚用悲天憫人。爲廣大悠久之地球計。其長安遠治太平大同之道乎。若確信有靈魂而不疑者。其理想必大異乎是。僅易一軀殼。隔數十歲月。我卽不憶爲我。則萬刼以來。千生以往。更可知也。以今生之我。

視來生之我。既不啻他人。則以過去之我。視現在之我。以未來之我。視往昔之我。可知均不啻他人也。以三世分之。互以其現在之我。而視夫過去未來之我。竟無一非他人者。我既可以爲他人。他人亦可以爲我。人我之見。於是不破自破。莊子齊物論曰。物各自是。而非他。物各有自。故天下無非。自各有他。故天下無是。無非無是。物論斯不齊自齊。用證斯說。寧不信乎。凡是皆有神說也。但有神特方便之說耳。以語眞理結果之所在。則以無神爲究竟。

何則。夫人類之有聖人。不唯人類之不幸。抑亦聖人之不幸也。衆生之有佛。不唯衆生之不幸。抑亦佛之不幸也。眞聖人必日以希望人類不生聖人爲究竟。眞宗教亦必日以希望世界不用宗教爲究竟。人類如何可以不生聖人。人人皆聖人。人類中聖人斯無從出。生世界如何可以不用宗教。衆生皆成佛。世界之宗教自然退歸無用。衆生未能皆成佛。人人未能皆聖人。此人類之所以有聖賢。世界之所以有宗教也。信如是。則人世之有聖賢有宗教。吾又安得不謂之人類與衆生之不幸。以之轉累聖人與佛同陷於不幸哉。故有神說。特隨機引導之方便法門耳。世尊法久後要當說眞實。開方便門。示眞實相。必仍以無神說爲究竟也。故予絕對的主張無神說。世界果有造物主乎。此一大疑問也。愈作學理之研究。此疑問愈不能解決。夫有神說之可利用者。以有堅確不拔之信仰心耳。疑之莫決。信何能堅。設因不信有造物主。而轉疑天賦自由平等之說。則不唯不足助人類之進化。保世界以大同。將反爲人類與世界之障碍也。此人間世不可有造物主之神說者。

抑極端之平等主義。充其量之所及。三綱五倫。皆在廢除之例。而持造物主之神說者。其言造物主之權力能力。都無限量。生殺予奪。賞罰苦樂。均可操縱之於股掌間。無論何人。胥不能不恭敬之愛戴之。以仰其鼻息。而博其歡心。否則便爲大逆不道。須永墮地獄。則剝奪人之自由。使人不能自由自立。不平等孰甚耶。此而頌之曰慈父。眞不啻膜拜於專制魔王之下。而稱之曰聖人也。況慈父與聖人。亦大同平等之世之可以無者乎。此人間世不容有造物主之神說者。且自由平等。人類天性上所本具之眞理也。正不必假道於造物主之神說。始足引起社會之信仰。謂予不信。試以造物主之神說。與自由平等之說。同時鼓吹。其感化於自由平等之說。及感化於造物主之神說者。孰衆孰寡。可以決也。此人間世不必有造物主之神說者。然僅就自由平等之說。以言不可有不容有不必有造物主之神說。但明自由平等之說。不能與造物主之神說並存耳。人將名之曰自由平等之無神主義。彼持造物主之神說者。亦可以有造物主之無自由平等主義相爲抵制。則仍不能折服彼持有神說者之心也。不從根本上以解決世界果有造物主乎之一疑問。則無神論終成虛設也。是亦快箭離弦。發而不能已者乎。

天空中無數之恆星行星衞星遊星。果有造物主以造乎。地球上無數之動物植物礦物氣物。果有造物主以造乎。吾姑置不問。僅就人類以詰之曰。人類之體魄及靈魂。旣盡爲造物主之所造。何不盡造爲聰明正直健全善良之人。體力智一般平等。皆得圓滿之自由。共享安樂之幸福。顧乃或善或惡。或智或愚。或强或弱。而使人類造種種之罪惡。受種種之苦惱耶。人類旣盡爲上帝之愛子。何以不盡居之以天國遊之以樂園。而必使人之生於罪惡苦惱之地球。逼其受種種磨折。待其恭敬歸向。乃攝歸天國。否且罰入地獄耶。上帝旣要人恭敬歸向。乃肯攝歸天國。何以不盡人皆造成恭敬歸向之心。俾自然恭敬歸向。而必俟人之勸導其恭敬歸向耶。凡是皆深不可解也。

且聞別有所謂魔鬼者。其力能與上帝抗。常反對上帝。人之不恭敬歸向上帝而信從魔鬼者。死後必墮入地獄。夫此魔鬼者。是否係上帝所造耶。若曰非上帝所造。則上帝旣有所不能造。其所造者亦必有限。將如百工技藝各造其所能耳。此而可謂之造物主。則人中之百工技藝。又孰不可謂之造物主也。若魔鬼旣非上帝所造。必另有一造魔鬼者。魔鬼之力。能抗上帝。則造魔鬼者之能力。必較上帝爲尤鉅。又安知人類及上帝非皆屬造魔鬼者之所造乎。設謂魔鬼乃自然而然者。不由造成。則何以萬物不能自然而成。而必待上帝之造乎。若曰魔鬼亦係上帝所造。則上帝旣能造之。何不能制之乎。但罰信從魔鬼者入地獄。何不罰魔鬼入地獄乎。抑上帝之權力本能罰魔鬼入地獄。乃故意留此魔鬼。以擾害人類乎。此尤不可解中之不可解者。雖質之主張造物主之神說者。亦將莫知所答。啞然失笑。

況上帝之造此不平等不自由不安樂不美善。而如監牢如桎梏如豕圈如地獄之世界。罪惡苦惱盈積其中。其將以爲功耶。抑將以爲罪耶。其果惠人者耶。抑果虐人者耶。夫上帝對於人類之心理。亦汝能恭敬我。我能安樂汝。汝不恭敬我。我能苦惱汝。與帝王之順我者富貴。逆我者滅亡。同一設心耳。故英吉利哲學家穀果曰。浸假而有上帝。吾必戟指而詈之曰惡也。由是觀之。則世界萬萬不可有造物主。不容有造物主。不必有造物主。而絕對的無造物之神。可決然無疑也。

然猶有未盡者。則世界旣無造物主。世界果自何而有耶。此一問題。未能徹底解決是也。

夫世界者。眞性之緣起無盡者也。有光明世界。有苦惱世界。有安樂世界。有莊嚴世界。有醜陋世界。有淸淨世界。有惡濁世界。光明安樂莊嚴淸淨之世界。以覺爲其總因。黑暗苦惱醜陋惡濁之世界。以迷爲其總因。吾人今所處之世界。黑暗苦惱醜陋惡濁之世界。而迷爲其總因者。何謂之迷。譬如有一象於此。明眼覩之。象則象耳。無所爭執也。忽有二盲人。欲以手摸探象之眞相。摸象之耳者。則執謂象如箕。摸象之尾者。則執謂象爲帚。分別兩端。執之一往。以盲傳盲。遂無不被其紿。運轉密移。迷生於不覺。故有人我分別。執之一往焉。而殺機起。有愛惡分別。執之一往焉。而盜貪起。有男女分別。執之一往焉。而淫慾起。三爲根本。執之一往焉。於是世界相尋。衆生相續。業果相輪。而緣起無盡。有遠因。有近因。有多因。有一因。相似相續。一人一家一團體。一世界。綜錯紛披。窮無所極。斷根本之緣。息分別之執。則迷者可轉而之於覺。黑暗苦惱醜陋惡濁者。可轉而之於光明安樂莊嚴清淨矣。故無情世界。有情衆生。皆於明通公溥之眞性中。動如夢幻之念。造如夢幻之業。如夢幻而出生。如夢幻而消滅焉耳。曷嘗稍假力於神哉。浸假而有所謂上帝者。亦如夢幻而出生之一物耳。烏足以云萬物之造主哉。以必無之理。而强人以必信。其信之者。非迷信而何。嗚呼。造物主。汝非造物主。汝其迷之鄣乎。迷無爲有。迷非爲是。斯誠迷之大者。迷因不破。覺因不立。此余所以斷斷然不惜辭而闢之也。

余言至此。余知閱者將疑余雖不主張有造物主之神說。而實一主張有靈魂之神說者。

故余當進論靈魂之有無。以窮無神說之究竟。吾人果有靈魂乎。曰有。不唯吾人有之。卽動植飛潛之類。亦莫不有之也。然虛幻無實。但妄執與習氣而已。非眞有一物而可字之曰靈魂也。智者當以譬喩得解。試方言之。

如有一人。於此都無所好。亦無所思。不存憎愛。清淨空寂。若無意念者。一旦忽好吟詩。橫生妄執。念念相續。遂成習慣。耳中目中。所聞見者。無非詩料。口中鼻中。所流露者。無非詩聲。心中腦中。所經營者。無非詩思。他人視之。如癡如醉。而自若不覺者。卽妄執與習氣也。妄執忽起。習氣隨生。習氣既深。妄執彌甚。此妄執與習氣。卽靈魂是也。唯執故不散。唯習故不斷。猶波浪相激。以前浪之動引起後浪之動。動動不已引起無盡。靈魂亦猶前浪後浪相引之動力耳。夫波浪前後相引之動力豈眞有一物可指哉。唯此妄執與習慣。不散不斷。實作輪迴之本。爲生死之根。乘萬物之化而遞嬗於無窮。眞性寂然。不覺念動。動之不已。妄執隨生。執之一往。成爲習氣。自從無始有妄執以來。愈執愈甚。愈習愈深。愈化愈離。愈變愈雜。萬物乃樊然淆亂隨業發現。成住壞空。相尋於無旣有能破斯妄執斷斯習氣者。則於眞性仍未嘗稍異其寂然矣。然眞性非曰如木石之無識無念也。特晶瑩炳靈。圓融絕待。不可思議。不可名狀。

非妄執習氣之比耳。猶夫好詩之人。一日忽斷其好詩之執。革其好詩之習。不可謂其人便都無知覺力用也。不啻惟是。其執既斷。其習既革。方將無所不可為。無所不能為。又豈僅不癡於詩。而仍不妨吟詩哉。故靈魂者。但有言說。都無實義。唯迷斯有。唯覺斯無。幻迷滅故幻魂亦無幻夢故眞性常寂。是之謂無造物主。無靈魂無神之究竟義。是之謂自性自度之眞諦。然世之主張無神說者。非自今日始。亦非一人之私言也。顧有神之說。多出自宗教家。世遂有以神與宗教視同一體者。但予徧覽古今東西之主張無神主義家。其理論類皆不能完全美滿。反由宗教之學說。而獲其究竟焉。故予嘗謂世界之宗教。有多神。有一神。有無神。無神之宗教維何。則佛教是也。

但世之研究宗教學者。僉謂凡宗教皆有靈性常存幽界。與神與人之關係。兩種必要之特點。而余乃以無造物無靈魂之無神說。謂出於佛教。然則佛教其非宗教乎。殊不知余之所取於佛教者。乃佛教之最上乘究竟義耳。若通盤論之。佛教實兼有多神一神無神之性質者也。設但就佛教之最上乘與究竟義而論。實不可以尋常之宗教性質限之。其發揮無神之眞理。最爲透澈。如廓然無聖。卽心是佛。平等法界。無聖無凡。一切衆生。皆具佛性。心佛衆生。三無差別。究竟菩提。歸無所得。諸說皆人間世絕無僅有之一種窮高極深之哲學也。故具上乘資質而善於學佛者。皆尊重己靈。不爲佛障。訶之罵之。甚至棒之燒之。俾自性眞光。透天透地。蓋非如是不能與佛智齊平。臻於究竟也。是甯小根小草所能窺其崖岸者哉。抑余常有一種理想。往來胸次。而未嘗吐之言說。與無神論畧有關係。請附及之。蓋政治界與宗教界進化之比較量也。政治界之進化。由酋長而君主。由君主而共和。由共和而無治。宗教界之進化。由多神而一神。由一神而尙聖。由尙聖而無教。其進化之程。實有不期而同者。多神教如酋長政體。一神教如君主政體。顯然易見。而不必辭費者也。共和政體選賢任能之政體也。今世界大勢。已駸駸趨向於共和。宗教而與之同時進化。亦必起宗教界之大革命。創多數之新宗教。與舊宗教相劇戰。盡推翻一神多神之宗教而公擇一最哲最聖如某君所謂與道德學理合爲一物者之宗教而共奉之。由之愈演愈進。世界底於大同。則政治旣歸無治。宗教亦復無教。卽無神之佛教亦於以得兎忘罤得魚忘筌。而不復存其名詞矣。無衆生相。無世界相。無文字相。無語言相。無無相。無無無相。凡現社會之所謂有者。胥一切皆可以無之。不特無神已矣。企心玄致者。幸共參焉。

嗚呼昏昏。神府魂魂。迷都窈冥。恍忽如有。實無執之。一往眞性。以蔽廓然無神。願與法界衆生共脫是疑蒂。

教育新見篇上 道學論衡第五

緒言

大塊噫氣。翏翏無方。卒然而怒號萬竅。其質不同。其所受不同。其受不同。其所宜不同。雖至異而不足怪。然未幾則刁刁調調之餘韻。亦莫從迹之矣。而琴瑟空侯。制必合乎法度。操必調乎律呂。豈不曰藉妙指乃發妙音哉。顧人之睹琴瑟空侯。未嘗不思琴瑟空侯之音者。蓋不發斯已。發則必不失琴瑟空侯之音。故由存在觀念而推之。琴瑟空侯存則其音亦存也。夫地籟人籟同出乎天籟矣。而其分之異乃如此。中華民國初成立。蔡子民君長教育部。首以教育新意見宣示。繼是而言者頗極一時之盛。卽予亦嘗附之討究焉。際遇國政新興之緣會。感發民情特撰之懷想。怒號萬竅。不亦宜乎。癸丑來蓋猶有刁刁調調之餘韻。今茲則響絕矣。而教育界亦日墜千丈。沉沉無復生氣。所謂中華民國教育幾莫名其何在矣。夫世界名言。各抒其意。工宰之者。在乎人心之主見。其極受不同。故順違異。其取施不同。故是非歧。起伏者緣也。而彼此者因也。然人情域乎形數。其各別私業。每不易改。越互共公業。是以公業一成。其占空間時間者必較廣修。今教育非所謂人羣公共事業乎。使其公共事業之實效果成立者。天何言哉。日月行焉。四時成焉。百物生焉。雖無揚揚之者。教育事業固自駸駸演進。胡遽隨風會而改盛衰之度。由是觀之。教育無貴乎言論之外張。貴乎事行之內充明矣。雖然。謂言論尠有裨於教育者可。顧未可謂言論全無裨於教育也。吾不知今日何日。姑請嘗試言之。

教育之名義

教育者何。成人對於未成人。因其可能性而長養暢達之。俾自成爲羣化中自立自治自由人之道術也。道術廣矣。尊生盡性。筦析之以窮人事物理。固不僅教育。教育乃人事之一。然在人言人人之德業。要皆緣起乎教育。然成人界與未成人界義有廣狹。其狹義者。可依年程學程而定。或分人生爲三時。二十五歲前爲儲能時。二十六歲至五十歲爲效實時。（豫備儲蓄其能力謂儲能、經營效著乎實功謂效實、與他書之義不必同、）進五十歲爲息機時。儲能時者爲未成人。過是則爲成人。故民之受教育也。有卒業之期。廣義者則始乎童子。終乎爲聖人。天見其明。地見其光。聖人貴其全。自立自治自由之極詣。權利不能傾。羣衆不能移。物境不能蕩。生死不能奪。夫是之謂德操。德操然後能定。能定然後能應。能定能應。夫是之謂成人。學程有終。學義不得須臾舍。故其界莫得而定也。然廣義之教育。在乎自求。廣義之成人。在乎自致。羣功之有事乎教育者。蓋狹義之成人。專操可程之學術。施之狹義未成人者而已。

教育之主義

教育有道。觀察持取張弛乎道者見。而人心之主見。其量有通局。其德有健順。其質有凝流。其性有靜躁。又鼇成乎吸受積習之事義。隨俗異宜。與時俱化。故主見萬不同也。然人心對觀一事物而成之主見。其主見所持取之主義。如實不如實。圓滿不圓滿。綜合不綜合。相稱不相稱。蓋可得而分也。主觀適當客觀。客觀適當主觀。謂之如實。雖然。吾人在名想分別界中。名之與義。先未必相符。憑推測以求如實。固已不可能矣。矧教育乃無一定之客觀可現對者哉。故圓滿與不圓滿。綜合與不綜合。亦程度上之準較而已。非有截然之界可量定也。至相稱不相稱。則繫乎時世與方國。非可從主義而求。非可憑主見而斷。乃事實而非理論也。且夫一事物上種種主義之發現。其原始雖必持成乎人心特殊之主見。然其自類而自別之。已不妨有衆多主義雜呈乎一心。依文史而彙集焉。考訂焉。審擇焉。論斷焉。仿行焉。或兼容而並采。或一主而衆從。或扼要而屏餘。或舉通而概局。其取舍或亦因緣乎時勢方俗之宜否。而圓滿不圓滿。綜合不綜合。則由是殊矣。今姑取世人所稱道之教育主義略論之。而繼以貢吾所見焉。

有泛據教育歷史而分爲若干主義者。若所謂雅典主義。斯巴達主義。耶穌教會主義。英吉利主義。德意志主義。美利堅主義。法蘭西主義。俄羅斯主義。奧大利主義。婆羅門教會主義。周官主義。（顏習齋所主張者當屬此）孔教主義。（周秦諸儒漢清諸儒宋明諸儒屬之）等等。然此可爲歷史上一種事實之研究。或國族上一種習性之考證。而不是釐然定取一種爲主義而執行之。何則。彼皆關係乎時處上特別之趨勢。而緣成爲適宜不適宜之事實者。時異俗異。處殊民殊。其精意可供提持。其觕迹須歸淘汰。旣鎔冶之。旣裁成之。則非彼之素矣。故依之定取爲某某教育主義者。其名義殆不能成立一也。此等歷史上之陳迹。要是交相涉入。交相雜糅者。彼此之間無經界。取舍之間無標準。取彼或未嘗非取此。捨此或未嘗非捨彼。二也。兼採之乎。不獨義無所歸。而亦勢有所不能。單取之乎。不獨事無所當。而亦理有所不可。故歷史類教育主義。有空名無實義。

有專舉教育品素而分爲若干主義者。一曰智育主義。注重乎取宇宙間種種事變物象之名相。以濬其智識。二曰德育主義。注重乎取人羣間種種嘉言懿行之教訓。以敦其志行。三曰體育主義。注重乎剛健聰敏其身心。四曰美育主義。注重乎和淑靈秀其情性。雖然。此四者皆教育之品素。受教育者必備之。一身乃爲完人。故施教育者。必同時令發達增長之。偏取者皆足爲病。且亦從無偏取其一。得爲人羣普通教育者。有之。或一專門學師聚徒所講習者耳。歷史中古近方國。或有裁減其一二端。及專重其一二端者。（美育亦不可缺、若墨子非樂、以達人情、其傳乃不昌大、）行之靡不流弊昭著。有因補救一時。專重其一二端者。亦審乎緩急。以一爲主以餘爲從而已。然偏攻之亦不久利盡而害見。且既爲補救一時。則本非唯一非餘者比。故此之所云。可用以分別教育要素之品類。不可執取其一端而謂唯一非餘。見一當重當取而不見其餘者。不得不謂之無圓滿、綜合之觀察力也。

有據教育鵠的。分爲若干主義者。一曰國民主義。謂教育非在鑄成極少數之英雄豪傑學士博士。而在鑄成全國人民完全之國民資格。此說主張者既多。理由亦頗充分。揆之國勢。尤稱允當。然未足概教育鵠的之全。蓋此僅國家義務教育之所蘄。而教育非可限於是也。二曰人才主義。此所謂人才。卽指極少數之英雄豪傑學士博士耶。則已爲前一說所駁矣。但推之主張此主義者。大抵爲執政之人。其所謂人才。要指能供國家外交內政司法理財實業教育軍警將校官吏之用者而已。此無論超軼政治之世界觀。亦得列入教育主義。卽就人生論。今之國家雖尙爲人類生存之一要件。然人之才不才。亦決不以可供政治上之應用否爲斷。此在往昔專制帝國由君主對於臣民所取之教育主義或然耳。（案周官學校取士及漢唐來選舉考試取士者其主義或如是）立於人羣（國家亦人羣事業之一耳）地位施行之教育其祈嚮纔及乎是。必不然也。三曰軍國民主義。此在普及軍事教育於一般國民。以達建立强固國家之鵠的者。其理有二。邦國鄰接。各欲伸己之勢力。以奪異國之業。而奴異國之民。故非全國人民執干戈以衛國家。則國家危亡。而民人亦末由自存。實行軍國民教育。庶內足保國。外可競世。卒之國力平均。戰端不敢輕啟。武裝適以維世界和平。一也。軍人社會往往演成武族階級。流爲專制。實行軍國民教育則民皆軍人。既堪自衞。又不致別生武族階級。二也。夫所謂武裝和平者。今歐洲之大相斫。已宣示吾人矣。使生計窮乏。道德淪喪。又無博達精闢之知識。崇高優美之情操。縱體力互足相制。亦與禽獸何異。此義姑置不論。則所謂軍國民教育者。亦教育上養成個人對於國家之一資格而已。四曰實利主義。此以人生所需。不外乎衣食住行。而致之之道。不外乎農礦森林工技商販交通衞生。故實利主義教育普及人民。則足以富民。而富國。民富則自有恆心志操。講求禮義。互相保衞。國富則自能政舉軍修。增進威信。發展光榮。蓋於人羣生活之所利賴者。似乎盡矣。然使人民有撥持經緯乎羣業之術。尤教育所當注重。而實利教育者。僅使人民能贍其身耳。抑人之異於他動物者。尤貴乎有其雄權偉實瑰意琦行。而化成之者。端利賴乎教育。凡是超越乎物質文明之大業。固非實利主義所能範圍也。五曰公民道德主義。（亦曰人道主義）此蓋德育之一種。然異乎德育者。汎言德育未嘗規定所謂德育之內容。此則唯取人羣通德。概括爲自由平等和愛三事。準乎此者謂之公民道德。畔乎此者。非公民道德。究論之要。惟德育而已。六曰實用主義。此與實利異指。蓋曰實用。僅反對不適乎人羣之實用者耳。實利固人生第一要事。第經羣處世。立己宜人。種種之事業。之操行。之知識。靡不屬乎人羣實用。故實用主義。不僅可包舉實利主義。而國民主義。人才主義。公民道德主義。亦能統攝之也。究之側重現世之實用。亦足陷溺乎習俗。使消乏優美高尚之感想。無勝義之道德。損減運進羣化之機能。而不容人心好眞超俗之情性。故於教育之能事。亦未全也。雖然。實用與公民道德。稍近完善矣。何者。主實用則不騖虛榮。可減省種種空耗之勞力。且其施教育之方法。不重往論而重現事。不重意言而重根境。（案佛宗門教家之別亦略同此昔有一禪師問一講師曰、聞百法論、一切心境不出百法、是否、曰然、時適天雨、乃問卽今落雨、百法何法所攝、講師茫然、莫知所答、紫柏師曰、性相俱通、而未悟達摩之禪、如葉公畫龍、頭角望之、非不宛然、欲其濟亢旱、興雲雨、斷不能也、此雖超世之道、有異經世之學、其致乎實則同也、又此亦卽蒙特梭利之教育術、蒙氏嘗曰、世之學校教師、所諄諄者皆意言也、學者所喩、亦皆意言、至遇實物而施實功、卽無所措其手足、何則、喩者意言接物之官、未嘗修且治焉故也、余按俗諺上臺昏者、學者十有八九、病皆坐此、故儲能期人所處之世界。不與效實期人之世界相扞格。所儲能者無地不可。做實之得備持身處世不可少之條件。於己具有自立之能力。於人能爲適宜之應付。凡人羣實用所當有者。又莫不可容納之。蓋已能完成乎普通之智德體育。特乏美育耳。公民道德以自由爲質。欲致人人之自由。必令人人能自立自治。自立者自衞自存也。自治者自飭自勉也。三育已不能偏缺一矣。平等者各均其自衞自存自飭自勉之力一也。互成其相衞相存相飭相勉之事二也。既非不容國家存在。則非第必含實用實利主義。而國民人才軍國民主義。亦容許之矣。和愛者(一)爲對完具自由人互互平等之依持。無愛則不知愛己。必成放棄自由。無和則不知愛人。必成侵犯自由。於是乎不平等矣。故自由必持以和愛。乃平等。(二)爲對殘缺自由人種種救濟之根本教育（若無力受教育、令得受）、亦和愛之救濟也、蓋非此則人羣中惸獨殘廢者之缺憾無由彌也。此則羣功益大。扶植愈多。而和愛之德量愈宏。由之必增高好眞好美之情性。仁者愛人、無所爲而爲、故近乎眞、彌其缺憾而願見人羣之完全生活、亦好美之情也、而智育美育亦漸臻圓滿矣。故雖謂教育之鵠的。盡備乎公民道德可也。然用公民道德施教育。舉其原理。數言可盡。且日聒之。易生厭倦。依其原理而事事物物演說之。則唐費言辭而不切乎行事。蓋知識每不與情志相應。必令情志相應。方成道德。故非學校期內所全能養成。必實現其事行之時。由良社會之力。方能養成之。在學校期內。必焉全用率性復禮演生集義之教育方法。浸漬而滋長之。固植其根蒂。俾所志者確乎不可拔。庶出而應用乎社會。不爲習俗所勝。有以自勝而勝習俗耳。

有據教育方法。分爲若干主義者。吾綜覈其意。列之爲四。一曰率性主義。自由主義。自動主義。自覺主義。自成主義等屬之。主此者多崎性善之說。又大抵側重情性。儒先則子思孟軻等是。歐哲則盧梭等是。二曰復禮主義。嚴重主義。服從主義。訓練主義。莊敬主義等屬之。主此者多崎性惡之說。又大抵側重情習。儒先則仲弓荀卿等是。歐哲則赫胥黎等是。案進化論者大抵以人性爲惡、惡故進化爲善、本善則無所是進化矣、人生進化策源於自營私欲、全同於荀卿性惡之說、

而赫胥黎至欲行擇種留良之術、持人治進化論者、於教育必持復禮主義可知、

三曰集義主義。主此者多說性兼善惡。或性別善惡。又大抵側重情識。乃學問思辨尊聞博識之大歸。凡在類物推理察果窮因而持名數之論者。要皆務蒐集外物事義。增益其意想觀念而已。世之言心理學者。其知識亦除所積種種印象無自體。施教受學。不出口耳刀筆。唯仗言語書數。古今之教育。大抵如是。雖然。周官之禮樂射御。皆須運役全身。卽書數亦必兼練手指。禮。大學記言。壹是皆以修身爲本。荀卿隆禮家也。勸學篇曰。君子之學也。入乎耳。箸乎心。布乎四體。形乎動靜。端而言。蝡而動。一可以爲法則。小人之學也。入乎耳。出乎口。口耳之間則四寸耳。曷足以美七尺之軀哉。案禮樂皆含美術性質、西人衛西琴、稱蒙特梭利之教育術、其繕練官骸之法、不但有合衛生、且亦無傷雅道、小兒得此、天骨開張、肢體便利、以爲趨事之資、且舉止嫺都、周旋中節、令人望而愛之、不徒手足之美而已、直是舉體相配而動靜咸宜、由是面盎目瞭、一望而見其神明之煥發也、譬之爲美術之繕練而痛詆近世通行之體育爲粗劣、亦與荀子勸學篇言脗合、故先世賢哲之教育。原不徒開人之知識。但入耳箸心。師資間傳導之器。猶是憑文言外鑠而已。四曰演生主義。主此者多說性無善惡。或性混善惡。又大抵側重情感。乃在本生生之機。導身心全體之發達。修治其官覺。俾實應乎實境。由接知而譔知。由誠形而明理。此若

一切生物、所成天然紋理、往往非構畫彫飾之所能及蟲獸草木、種種毛羽華色香味、生物學者、皆說爲自保生命、或自求胤嗣而現此相、然彼物何嘗若人之學言推理計度尋思也哉、操此教育術者。古有莊列等道家。扼要之說。備乎莊子養生主一言。案楞嚴捨六識而用六根、取術同此、禪宗以揚眉瞬目棒喝舞蹈嬉笑怒罵顯法者、皆深切其根覺、而直奮其情志、不令轉落獨意識者、意識所取名想、唯是虛影、想之切不若情、情之切不若生、生者異熟心也、古有用扑教者、倘亦以感受深切乎、今則其蒙特梭利乎。蓋爲教之事不僅用文字圖像語言語具。而周圍一切可視可聽可嗅可嘗可觸之境物。皆天然之教體。受學者亦不僅用視官聽官語具。而五官之覺明。皆得受焉。五官翕然感受五境。靈知直覺。本其情性以進求明晰。至勤奮而至誠無息。則官知皆能了別。而香味觸塵。亦莫非可讀之文字也。由是全身渾然皆成爲健靈之體。知與所知恒一。意誠而心正。清明在躬。志氣如神。無遇不可立呈其效功。若心性慧敏者、則觸類通達、及身體捷健者、則舉事速成、是其例也、所謂通其一而萬事畢。較之事事物物而練習之者。通此塞彼。道之所以虧、愛之所以成、果且有成與虧乎哉、果且無成與虧乎哉、有成與虧、故昭氏之鼓琴也、無成與虧、故昭氏之不鼓琴也、昭文之鼓琴也、師曠之枝策也、惠子之據梧也、三子之知、幾乎皆其盛者也、故載之末年、惟其好之也、以異於彼、其好之也、欲以明之、彼非所明而明之、故以堅白之昧終、而其子又以文之論終、終身無成、若是而可謂成乎、雖我亦成也、若是而不可謂成乎、物與我皆無成也、齊物論此言有二意、一意則同乎此、蓋不可同日語也。蒙氏又曰。知物自易簡始。易簡者反神明於至虛。而不可留一切成見。則鬼神來告矣。猶之道德。然必待物質極貧。意氣都盡。而後能體合之。此尤與莊列諸子相符。其曰人必有官覺之敎育。而後有察知之能。有察知之能。而后能與世界之進行爲體合。而事功以興。事功者所以爲生活。而生活必待何物。吾知世之人莫能明言也。唯道書多曰聞治身也。未聞治天下也。固以吾身由萬物緣成。萬物皆備吾身。本之身修。形端影正。常定而應。應之家而家齊。應之國而國治。應之天下而天下平。隨俗而化。不知則問。感通無際者。皆其自能無待乎騖前識也。由斯術而敎育。其最近道眞者夫。雖然。此四術者。亦若德智體美四育。不可偏捱。率性演生。學徒能受敎育之內因也。亦敎師得而施敎者也。復禮集義。學徒待受敎育之外緣者也。亦敎師所以施敎者也。非因則緣不成。辟雨露無益乎殭石。非緣則因不箸。辟植物有需乎光氣。必能受敎育。乃不徒勞。必待受敎育。乃見實功。一往唯率性演生。待施敎育何存。一往唯復禮集義。能受敎育者奚在。因緣相資。效果斯成。一也。率性復禮。自由必然之兩極也。夫造因未嘗不可自主。而食果常若有所待命。施受敎育者造因也。宜乎有自由而無必然。孰知不然。蓋因無最初之期。故因無獨因。而恆與果同轉。即一現事。望昔因則爲果。望當果則爲因。而因果重緐。其理深廣微奧。人心所不能一一自知。故其作始也由盲動。盲動則昔因之所果也。然果固仗因託緣而變呈。（本非必然。唯不知其所造因。惑爲自然。及有所待命。夫亦迷而已矣。）範於昔因所果。造因可自主。而初不得自主。不得自主則無一定之嚮向。則無一定之進行。則無一定之成效。故無自由亦無必然。其榮滿側乍有所覺。則既箸乎果矣。故知因由於察果。察果知因。定乎比量。故其造修也。以往賢大羣致其美善之行誼。著爲禮則。令遵循之以造因。則造因不由盲動而由明動。遵禮故待命。明動故自主。依必然造自由之因。憑自由趨必然之果。亦自由亦不自由。亦必然亦不必然。卒之若仲尼隨心所欲不踰矩。隨心所欲故率性。不踰矩故復禮。性禮一如。則造因食果皆自由矣。皆必然矣。故復禮正所以率性。然其能察果知因。能循理明行。亦未嘗不由率性而得成。施受教育。則正從作始而建立修造之能者也。故率性復禮。兩蹚集義。演生從物本心之兩極也。夫物象固依心呈現。而心功亦緣物續存。心證自性。證無證相。既言思之不及。亦安得尙有心物之別。蓋現行心物。兩皆緣變而起之事。相同時並著。無獨存者。從孰生孰本孰成孰。交互相待。莫非莫是。且稱體固在正心。而如量須在格物。正分別智。亦以名相爲用。特名知唯名。相知唯相。以一行萬。以類行雜。隨俗雅化。不起橫計而已。夫名言義理。乃人意感通之殊勝能事。文史圖數。亦人道演進之奇秘化機。羣功倫業。所由蔚蒸。擴而充之。令官覺成同等靈敏。則可任官覺而斥去思理名數。幾同下生。知相而不知名。則不可。但名相不深切人心。理喻萬端。略無所動。卒然迫之。驚憒頓形。此在未證生空者。未有不如是。且名相織妄。多不如實。不逾官覺。而鶩構虛境。令名相必如官覺觸受之量。爲貞信。是之謂意誠。故集義演生。兩違二也。且夫率性演生之與復禮集義。非一成不變。截然有鴻溝不可踰也。何者。率性在乎順導之。而盡其才之所長。使得立於自覺自動地位。而爲稱事合理之行。率性卽是復禮。故本與恣性異。集義在乎浩然充塞而無間。未嘗非自誠自明。故本與襲義異。演生在乎修治而完其身之所美。使實現自誠自明境界。而備應變適化之德。演生卽是集義。故本與縱生異。復禮在乎眞積力久而相應。未嘗非自覺自動。故本與飾禮異。謂義禮不若生性之志行相應乎。有始學者。勉强服學以求富貴。久之或變其志以求眞理。則學卽在學。而志行相應矣。謂義禮不若生性之情意眞切乎。而學者葆其持義之言。篤禮之行。或過於生命焉。殺身成仁。舍生取義。古今盖纍纍矣。謂生性本無義禮乎。則所云義禮者何自而起。謂生性必叛義禮乎。則所云義禮者何依而存。三也。人之情性無善不善。人之情感。亦無善不善也。著積善惡者其情性。辨執善惡者其情識。善惡非不含於情感。若苦樂憂喜等。然在情感微乎其微。著之者情習而辨之者情識。情識之所辨。唯情習之所著也。善惡非不根於情性。然在情性玄乎其玄。積之者情習而執之者情識。情識之所執。唯情習之所積也。近世通行之心理學。大都分智情意三部。余若箸心理學。當分情感情識情習情性四部。以情爲質。情性無善不善。故不得執善不善。善未嘗不根焉。故當引之而不得一向矯之以習。惡未嘗不根焉。故當克之而不得一向縱之以性。引之克之者識與習。性固無易特眠伏其惡耳。情感無善不善。然惡習恒俱之而現起。眩蕩昏沉。令不清明。能深細觀察以辨別乎善惡。擇善固服而除惡務盡者。則情識也。擇之除之者。識與習感亦大殊。必純粹而善矣。四也。故是四種主義。乃教育上應有之方法。不當偏取其一而專用。能兼之斯美耳。

有據教育形式。分爲若干主義者。一曰社會主義。近代主張者頗不乏人。要皆以人羣現生幸福爲終同鵠的。亦可謂之人生觀教育。乃實利主義、實用主義、公民道德主義之鈐轄。尤以自由平等和愛之民德爲根本。社會者。人民之羣體及其總業也。盡量言之。亦卽人羣世界在羣體總業中。固亦許有家庭國家等者。故國民教育人才教育亦容納之。雖軍國民教育。亦非絕對排斥。第或以國家等爲過渡作用。或以國家等爲贅疣障礙。不甚注重之耳。主張而過者。有見乎羣。無見乎子。唯於羣體總業致其觀察力。而昧夫合成此羣體集成此總業。及需有此羣體享有此總業者之所在。犧牲人人自由意志。而以大羣爲銜軛。名爲自由。實則一切不得自由。取此爲教育主義。未敢認爲必當也。二曰世界主義。卽所謂世界觀教育。亦曰超軼政治教育。此云世界。不限人類。乃宇宙萬有之都名。且進求不落宇宙之實體世界者也。以國家教育社會教育所造成之人羣現生幸福爲不圓滿。故國家教育社會教育。僅爲到達實體世界之一種作用。此在教宗哲學。本有其義。主張之爲教育主義者。始見蔡孑民君教育新意見。此當屬夫教宗團之主張及哲學家之自修耳。劉以鍾君謂此爲廣義德育不必獨闢爲一種教育主義。賈豐臻君謂此祇須由主張者私立一二大學提倡發揮之。按蔡君之主張此、亦未始非個人自由主張、同乎一教門一哲家所主張者、以蔡君彼時立於行政地位、將取爲行政方針、有異私人主張耳。其言諒矣。但教育遂無事於此乎。曰好眞乃人生求學之第一情性在教師固須養成學者高明之智德。俾於教宗哲學有自擇自信自修自證之能力。特在教書中不應卽懸一何種鵠的耳。故賈君評蔡君於所謂不以一流派之哲學一宗門之教義梏其心者。不免自道之而自蹈之。蔡君固無以難矣。但賈君謂教育上所有事之科學與教宗哲學必不可同一攻究。則於所謂何種科學其結局皆到達於哲學。亦幾自言之而自食之矣。然蔡君所主張世界觀教育有二重迷。(一)價值有無迷。若曰人不能有生而無死。現世之幸福臨死而消滅。人而僅僅以臨死消滅之幸福爲鵠的。則所謂人生者有何等價值乎。國不能有存而無亡。世界不能有成而無毀。全國之民。全世界之人類。世世相傳。以此不能不消滅之幸福爲鵠的。則所謂國民若人類者有何等之價值乎。如其說。則所立鵠的必須有價值。有價值者必無生死無存亡無成毀。不可消滅而常一。未悟鵠的由趨向營求而立。價值由比較衡量而起。常故無可趨向營求。尚無趨向營求。況有鵠的可得。一故無可比較衡量。尚無比較衡量。況有價值可得。故鵠的者。即存於無常人生心量物質無不剎那生滅相續、轉變相化、中之祈嚮。其祈向或長時相續、或不相續、或廣大、或狹小、要不得離現在及無常也、外此無鵠的可云也。故價值者即在於現行非一人生所取意境、所造行業、所致果報、種種不同、中之成效。成效非必指一生言、一秒一日、一事一物、凡彼實現之成效者、皆價值也、外此無價值可論也。計死亡毀壞為是斷滅乎。則鵠的價值亦同時消滅。更何鵠的價值。況價值為何等。計死亡毀壞為非斷滅乎。則死亡毀壞亦一現行相。一方面現死亡毀壞之相。一方面現生存成就之相。不獨鵠的價值存在其業行或善或不善、果報或幸或不幸亦存在。故蔡君理論不能通也。二乖違事理。迷若曰惟懸一無方體無始終之世界觀以為鵠。夫世界必有方體及有成毀。固蔡君所前云。亦世人所公認。則曰無方體無始終。特是依世界而離方分時分之觀念。所持但一如如空理。空理如如。應無能懸所鵠。故其鵠唯在身心之相應此空理。不即在乎空理。今以無方體無始終為鵠。直無之耳。無之則匪獨不得有現象世界。亦不得有實體世界。何者。世即時分。界即方體故也。夫然。其鵠宜唯在滅有歸無。顧復謂能劑其平。則肉體之享受。純任自然。

而意識之營求泯人我之見。亦化合現象世界之意識為渾同而得與實體脗合焉。故現世幸福。為不幸福之人類。到達於實體世界之一作用。則又以純任自然為卽實體世界及無方體無始終之鵠矣。無論純任自然非卽無方體無始終。仍是有生死存亡成毀之現象也。而現前之地水火風。日星草木。及低類動物嬰孩等。非卽純任自然者乎。豈教育僅令人類能做法草木為究竟乎。又說實體世界為黑闇意識則教育乃率人類而歸於黑暗為究竟乎。未悟世界皆現象而實性唯心空。心空者理。現象者事。物事無自體。體性卽眞理。空理無自相。相用卽幻事。證心空之理。融現象之事。則所謂意識泯而人我化者。庶有當耳。夫現象者。無適非現象。古猶今也。彼猶此也。雖至佛典上所謂華藏世界。亦現象也。故蔡君之理論自相覆也。雖然。安知不又有以吾說為一宗門教義一哲派學說者乎。則任各人之自證。三曰國家主義主張此主義者。近世最為強盛。梏於時勢。不知非亦不敢非也。以實利教育富國以軍國民教育強國。以國民教育為國基。以人才教育為國用。與實用主義固無牴觸。而相對之國家主義。於其餘主義亦容許之。但皆策源歸納於國家。立國權為天樞耳。然國家主義之德育。唯注重乎愛國守法勇進。夫國家者。人世中一區域人政教禮俗之羣化及總業耳。其實則爲各個之人民。而國家非有自身也。要有國家者。此一區域之人民。運用國家者。亦此一區域之人民。若曰。唯愛國家而各個之人民可以不顧。誰要有國家者。誰運用國家者。且國家教育者。國家向國家自施教育。自受教育耶。抑人施之而人受之耶。離人民及人民之相續羣業。所謂國家者。正唯「國家」二字之一名詞耳。或曰。此可非難絕對的國家主義教育。未足非難相對的國家主義教育也。則請試案之劉以鍾君相對的國家主義之解說。謂相對的異於絕對的者。（一）不背世界進化之原則。尊重人道。欣愛和平。認爲國民道德上所不可缺條件。故可謂之世界的國家主義。（二）不妨人民個性之發展。雖以國家爲精神界中心。非蔑視人權。使純粹隸屬政治。於不礙國家發達之範圍內。仍尊重個人自由及其特性之發展。故可謂之個人的國家主義。其說誠善。第所云和平。國際和平而非人道和平也。其世界。乃各個國家搆成之世界。非各個人生搆成之世界也。相對世界者。是國家而非人民。故國際和平。亦唯主以國家。而不得主以人民。國家欲破壞和平。固不管人民之欣愛也。所謂不妨國家之範圍。亦當視此範圍爲何若。個人少分之自由活動。則雖囚犯亦有之。豈不得曰不妨監獄範圍而尊重個人自由。其曰不得施違反國定規程之教育。不得行違反國定道德（案卽愛國守法勇進、守法則兼納稅義務、勇進則是當兵義務、）之講演。民人言論操行之自由。不已胥收而禁奪之乎。則教育家又烏從而實驗其新發明之教育術耶。尊重個人自由者。奚在不妨個性發展者。奚在適見其有名而無實耳。他若家族主義。（中國古代教育可稱家族主義、）民族主義。宗教主義。今並衰息不甚有人主張。家庭教育則大抵認爲一種附屬教育。今皆無識焉。雖然。取形式以區定教育之主義。固一最完全之道德也。故繼是請發表吾所見取之教育主義。

吾所見取之教育主義。曰相對之個人主義。吾人立身處世所相對之宇宙萬有無不以個人爲中心者。以心境論自自身以至乎萬事萬物。概唯吾心之所呈現。離吾心固無由覺知證明觀察推測其存在否也。一時一處。心境呈現有個人卽有萬事萬物。故當然無絕對的個人者。然個人之中心。有時與相對的事物。翕合爲一中心。而又與他事物相對。由是重重無盡。雖重重無盡。然卒未嘗失其個人之中心。而恒以個人之中心主動貫徹筦絡焉。約之凡有數端。

（一）各一個人相對之個人　此不依共業增變各個人之本位。故相對者唯各各之個人。案吠史迦哲學、列實。德。業。三部、旌別諸所有法、較亞里士陀德之十倫五旌、尤爲簡顯平允、頗足得人心之同然、而令思不越理、今試就人以明之。人曰實、人之身心性命曰人德、人之言思行爲曰人業、有實必有德、德與實恆俱有而不可離異、德亡者實亦必有所喪、業則不一其狀、增益損減乎實德、而不符實德之量、農工士賈、窮達榮辱、皆業之離合流變也、然業通能所、人之能作者曰事業、人之所有者曰產業、產業不外乎器物、器者名器工器用具之器、物者物所自物、要爲人之所依持愛取資用、方成產業、作之有之主之者唯在乎人、故業必隨實之有無而有無、改農爲賈、昔窮今達、人固猶是人也、故實不隨業之得失而得失、就人業論之、有共共者、全人類之云云爲是、有別別者、各個人之云爲是、有別共者、家庭社會國家等一部分之云爲是、家國等名、蓋總計人羣之差殊共業者、其實德則唯多各個人及器物、器人作而物人有、故實主者唯人、離人必無家國等也、有共別者、關繫乎共共業及別共業中多各個人之云爲是、故農工師徒等親友賓朋等父子夫婦等君臣主僕等、官軍民四等、聖傑盜跖等名稱起、別共業及共別業所起名稱、有唯名其攝屬乎人之事業產業者、故名稱異者、業亦必異、然非名乎實也、實則人及器物而已矣、今各一個人相對之個人主義、依別別業爲本、雖非全離共共業而非所志、卽志之亦唯主張以別別業爲共共業之主、過此則非所思存也、別共共業別業更非所志、卽不得已而營之、亦但爲達別別業之鵠的、夫別共共別業固多由和合衆人而增變生起者、卽共共業亦多和合衆人而增變生起者、今唯別別業爲本爲至、不須有總計共業及關係共業之名稱、故絕無由共業而增變生起者、以之得恒守各個人之本位、業之量符實之量、業亦人業而已、然有二種區別。（一）處俗之各個人主義依此而行敎育則造成其於一個人之自身能生活保存。

此即自立、與相對之各個人不相侵犯此即自治、亦即平等、所得則自由也、而已。過此非所求也。夫大地摶摶。太空茫茫。非一人所有。亦非衆人所有。反之則衆人得共有之。一人亦得各有之。歘然而生爲人。未嘗先有所要求也。故生養之育成之者。蓋彼之自願生養之育成之耳。於所生所育者無恩也。生也而爲生所迫。故不得不營求一身之需要。免離全生之困厄。能營求一身之需要矣。能免離全生之困厄矣。則亦已矣。愛羣利衆。自是鉅人長德。當出之其自心之誠愛。非有必然之律令者。故人者不知其所爲而自生。非爲應世界要求服役而生。非爲應國家要求服役而生。非爲應社會要求服役而生。非爲應家庭要求服役而生。非爲應各個人要求服役而生。亦非應已往無量人要求爲傳持其文化功業而生。亦非爲將來無量人要求爲增進其文化功業而生。故個人果能自生自存於太空大地間。與他人無所侵犯。無得訶責檢押之者。李老稱至治之極。鷄狗之聲相聞。民各甘其食。美其服。安其俗。樂其業。至老死不相往來。其義近之。亦所謂各治其身。則天下治也。輓近杜爾斯台所誦義無窮者。亦大致相同耳。(二)超世之各個人主義。若佛法之聲聞獨覺是也。而印度苦行梵志之各派老莊關列及其書中所稱述諸子。希臘什匿克派。明儒陳白沙派。輓近德意志人叔本華（或譯索賓霍爾）等亦近之。蓋高等之天乘及出世之小乘也。彼等亦非不相敎授。然唯敎之自度而非敎之普度世間一切衆生以爲自度也。然此義當在敎宗哲學。非人羣普通敎育上所應有耳。

(二)各自家庭相對之個人　此由個人化合數個人相字養等之事業產業而爲增位者。然所重在生者與被生者及配合相生者。兄弟義通師友。亦不必共一家庭也。夫得生雖非自求。然吾固憑父母所生身而修進吾所愛樂之德業。則生之恩大矣。且既生而未能自立自治。賴字養而長成。既知所求而未能自營所求。又從之得遂所求。則育之恩大矣。心懷其恩。則不得絕之矣。父母有責任吾者。能不順受乎。父母有所須吾者。能不藉之以報其恩乎。然父母對於子女之責任亦在其中矣。夫婦者。相處理相生養相和樂相愛護。既深結其所喜之情於身心。輔成其所需之事於身家。則彼此固有應盡之義務。應負之責任矣。依此而爲敎育。乃有二種要義。(一)養成其在家庭中對於長幼等輩。有能分任家庭事業之自立力。有能各守家庭道德之自治力。而爲能共營家庭生活之自由個人。(二)養成其在家庭中對於內外親屬有供給數人以上之生活所需力。以自立家庭。有經理數人以上之和樂所宜力。以自治家庭。而爲能自由營造發達家庭之個人。

(三)多各社會相對之個人　此由個人化合多各個人相字養貿遷協助等事業產業而爲增位者。蓋人者營求無厭。不以僅能支持生命爲滿足。且天行物力之災人者。甚爲强烈。浸循乎積化。卽支持生命。亦非一人數人能成辦。一日之安生樂意。已不知由幾許人力展轉而獲得。故分業合作易事通功尚矣。然此所云社會取狹義不取廣義。唯以家庭學校而上國家軍政而下者爲社會。廣義則國家亦一社會斥大之。卽是人羣世界故也。或謂然則亦應有相對學校之個人、若以學校非人生終身有關係者、則師範生出而爲教育家、非以學校爲終身生活乎、但究非若一一家庭等、徧及全類人終身者、故今簡之不論、且今論教育、取人羣形勢上所當造成之差別、而學校獨爲能造成者、各層次相對之個人皆學校之殊果、而學校則其總因也、故學校中人、亦相對個人、亦相對家庭、亦相對國家、亦相對社會、亦相對世界之個人也、當於下學程中詳論之、且尤重乎屬業之社會。余略分狹義社會爲三種、一曰屬親社會、此若一一宗族戚族種族等團體、其關係在乎生因、二曰屬地社會、此若一一村會市會同鄉會祖國會等團體、其關係在乎住籍、三曰屬業社會、此若一一農會工會商會學會政會敎會善會美會等團體、美會者卽公園等是、其關係在乎志行、以此略攝狹義社會諸形式畫、今非不兼屬親屬地者、然注重者則在乎屬業社會、然亦有由個人化合家庭爲一身而與社會相對者。若家長代表一家、及家中人代表家長、組合或經營社會者、究之家庭者業其實仍在乎多各個人。故但以個人直接社會也。依此而施教育(一)俾造作社會中一種生業貿易乎社會。令一身所需取者無所逋欠。成社會中自立個人。俾能慣守社會中一類公德交通乎社會。令一身所關涉者無所冲突。成社會中自治個人而爲容存乎社會之自由個人(二)使能增高發達乎社會而營造之。使能綱紀整齊乎社會而筦理之而爲運用乎社會之自由個人。無前者則社會必致墮落。無後者則社會不成增進。

(四)各自國家相對之個人　此由化合個人對於多各個人一類法定相續之領治等事業產業而爲增位者。夫既有自他國家之差別。且個人生活之所須又相賴以得存。則失其各自國家者。亦失其各個人生活之所須。在今國界森嚴國競劇烈之時代。本其各個人天性上之同情愛護。是一類法定相續而同形同化同安危同利害之多各個人共業。則雖殺身舍生而爲之。亦何過焉。亦何餧焉。不寧惟是。野行遘狂風暴雨。狹路逢劇盜猛獸。則雖巖竇棘叢。猶潛藏焉。以衞其生命。自霸國主義興人生亡國之慘痛。誠不啻狂風暴雨劇盜猛獸而已矣。反之則雖甚惡之政府。變國家爲牢獄。視人民同寇囚。亦較愈乎巖竇棘叢。故曰惡政府猶勝無政府。蓋人生苦樂利害之標準。恆依比較而定。唯適時宜爲善。知此則雖持絕對的國家主義猶可。況夫共和國家舒民之慢。不奪民之愛。而以謀國民最大多數最大幸福爲號召者乎。故身與國直接通牒焉。然亦有化合乎家庭社會爲一身而與國家相對者。究之其實。則仍唯多各人耳。依此而施教育。橫論之則實利軍國民國民道德教育。縱論之則國民教育。使能爲容存乎國家之自由個人。保國家之安固。國才教育使能爲運用乎國家之自由個人。增國家之繁榮。

(五)普一世界相對之個人　此由化合個人對於自然世界（即是實德）全人類相生相養相衞相存相愛相助相化相樂之事業產業（業即人爲）爲增位者大別爲二(一)化合人羣世界之個人主義。此以員輿上人文所紀人迹所通者爲限。其所圖謀者亦以人羣幸福爲限。所謂六合之內者。從而別之。(甲)國家世界。若國家與國家協合而謀全世界國際和平幸福者。國際公法海牙和平會等屬之。(乙)社會世界。由人民成種種大組合而謀全世界人羣和平幸福者。若無政府主義者與紅十字會及諸教團等（此種教團祇有耶教佛教、若回教等等、則僅爲一種族或一國家教團、）屬之。（丙）個人世界若不藉衆力惟憑個人立德立功立言而謀全世界人類幸福者。古今以獨行盛德膏沐乎全人類之高士哲士賢士屬之。然已偏近乎處俗之各個人主義矣。（丁）大同世界此卽無政府等等主義之實現。亦直謂之人羣世界。前之三者皆不妨國家事業之存在與繁榮。然第一者不能通至大同世界。第二第三者則可通至大同。且卽大同世之基礎焉。然國家社會者。業其實則仍唯全人類多各個人。故但以個人直接乎世界也。依此而施教育較對於社會者綜合放大之而已。故人羣世界卽是廣義社會教育之內容。其實用主義與人道主義者。然駸駸進入乎哲學教育矣。（二）化合衆生世界之個人主義。此統括六合內外而不拘時間之限量者。情世間無邊無盡。器世間無邊無盡與衆生則直接概括一切情世間。而間接概括一切器世間。蓋人心默容而無涯際。故人者不惟暫有有涯際之生身。而亦本有無涯際之法身。衆生者各人心內之衆生。離自心則無由證明衆生之存在。故法身大我之量如一切情器世間無量之量。非一非異。非斷非常。謂之一切眾生公有者可。故智悲同體。非有自他之實界。謂之一切眾生各有者可。故因果殊用。不亡主伴之假相。自他同體。故度人即度己。度己必度人。主伴殊用。故各各唯度自心內之眾生。夫然。業符實德。德符實業。實符德業者。固唯此無餘也。此即佛教之大乘義。諸哲學亦往往有涉及其藩籬者。然義在教宗哲學。非人羣普通教育所能行也。

故相對之個人主義。無往而不適。存使人羣共業。化合個人。無論變成何種增位。皆得論其相對之所宜。今此中間三位。固隨別共共別業變增變減不一定者。初後二位。則必與人類相始終。極相違而實極相成也。即禮運所謂大同之世實現者。國家完全滅除。亦無國家世界。家庭則消納於大羣。而更無家庭之形式。社會則但存屬業社會之一部。（若工會學會等）且皆成世界之社會。而各一個人普一世界。相對之個人則全臻發達。此相對之個人主義。依然適存也。由是觀之。必取相對之個人主義。始盡教育之能事。無所遺漏。無所偏頗。捨妄而存誠。兼容而一貫。禮大學記曰。壹是皆以修身為本。旨哉言乎。其超世之各個人主義。及化合眾生之各個人主義。則教育上但養成學者高明之智德。不懸定何種以爲鵠的。汎任其自由之情性志行。而自致所謂廣義之成人焉耳。

夫然。教育之鵠的。亦可見矣。鵠的者何。養就人人皆爲自由人。使隨其各個人之所相對者。化合之而能經營其相當之自由業也。最始者也。亦最終者也。至同者也。亦至異者也。是以得其環中而應無窮。別別業與共共業。無乎不在。則無乎不當。有相當與否之差殊可論者。蓋繫乎共別業與別共業耳。共別業有與生俱生者。今所不論。而論其習所成者。蓋因乎生身之資質、節遇（若家之貧富俗之文野等）之境地。而異各適其所當。則造成其於一個人自身能生活保存及能與相對之各個人不相侵犯。卽教育之鵠的也。乃至造成其能化合全世界人羣而普爲全世界人羣謀幸福及進求一切衆生究竟之安樂。亦教育之鵠的也。別共業者。蓋因乎部邑之習俗、世界之趨勢而異。各適其所當。則文者得意於嫻都。野者自安其簡陋。奚用是此非彼。然順世界之趨勢。循中華之習俗。以論教育。亦有適當。且教育固公共事業。持論者或指爲國家共業。或指爲社會共業。然欲定一國人民之教育。尤當以國家而總計之耳。就今日之中國而衡其緩急輕重。當以造成各個之個人而爲化合國家之個人屬第一位。化合社會之個人屬第二位。化合世界之個人屬第三位。化合家庭之個人屬第四位。綜之則曰中華民國教育之鵠的。然習俗趨勢。變易無恒。故相當常與不相當倚伏。周徧而計度之。則別共共別業。皆依別別共共業爲根極。亦各本其誠以立志行。各致其明以流學說。各修其業以爲工宰。各操其藝以務精妙。導各一個人之亹亹。成普一世界之斐斐而已。其樞同。其取予不同。政之所舉不過經令法之所禁不過姦害。過此則無得干犯。是以萬物並育而不相害。道並行而不相悖。

教育之方針

故教育之方針亦由是可見矣。方針者何。望所懸之鵠的而端定其趨向者也。中華民國之教育方針。則亦端定其趨向而趨向中華民國教育之鵠的而已。昔蔡孑民君宣示教育新意見。嘗並列五種主義。論者多非難其不符教育方針之意義。意謂方針者。卽專趨乎一之謂。並列有五主義。則如航海者於一舟同時立五羅針而欲同時以趨達五地。事必不能。然此乃不學無知者之言也。詳蔡君之意。非羅列五主義而將擇取其一爲方針。亦非審其緩急輕重而擇取其一爲主要方針者。直以綜合並重此五主義而爲中華民國新教育方針耳。所列之主義雖有五。無害其方針之爲一也。蔡君蓋嘗譬之人身也。軍國民爲軀骨。實利爲腸胃。公民道德爲呼吸機。循環機。美育爲神經系。世界觀爲心理作用。欲得人身之健康靈活。五者皆應修治。不可偏廢。夫人身者何。中華民國國民也。修治則教育也。修治人身全體而致健康靈活。則中華民國國民教育之鵠的也。修治以專求人身之健康靈活。則中華民國國民教育之方針也。何得以一舟同時列五羅針而欲達五地者譏之。至審乎緩急輕重。如神經有病則治神經。亦如行舟時颶風至則覓泊島嶼。要不出求一身之健康。赴一地之貿易之統一方針也。而於此統一方針中。亦不害其歧也。且夫名學上類之與別。原無定位。卽如人類自各個人觀之則爲類。自各動物觀之則爲別。又如動物自各動物觀之則爲類。自各生物觀之則爲別。是以使蔡君立於政長地位。施其新意見爲行政國家教育之標準。則可冒五者而稱之曰新教育主義。使蔡君立於人民地位。施其新意見爲私立學校教育之標準。則亦可冒五者而稱之曰蔡子民新教育主義。夫何歧之有。反之若單取軍國民主義。就而別之海軍主義耶。陸軍主義耶。形式主義耶。實質主義耶。於此四者絕對擇一爲方針耶。擇一爲主要而餘爲從耶。更細別之海軍爲類。海軍又有別。陸軍爲類。陸軍又有別。夫何一之有。是以自統而尋之。物雖衆可以一名舉也。自分而觀之。物雖一可以衆義稱也。大統至分之教育主義。其唯相對之個人主義乎。大同至異之教育鵠的。其唯致人人皆爲自由人各隨其化合而能營相當之自由業乎。大一至歧之教育方針。其唯端趨此大同至異之教育鵠的者乎。

教育新見篇下 道學論衡第五

教育之程序。

世所通行之學程蓋大致可觀矣。則以相對之個人主義教育充實之。爲便於言論最爲一表如下。

學齡
二十二歲至二十五歲
十九歲至二十一歲
十五歲至十八歲
十一歲至十四歲
七歲至十歲
六歲以下

教育	學程		學校
充量	太學（當今大學）	分科 國立	專門 各種專門科學隨宜分立各種專門學校師範亦屬專門校類此專門校或國立或民立
增上	大學（當今高等中學或預科大學）	分科 同上	專門 同上
尋常	中學	普通 或國立或民立	專門 同上
必要	小學（當今高等小學）	普通 同上	專門 農校商校各種工校或國立或民立海軍校陸軍校國立此小學程不立餘種專門學校
預備	蒙學（當今初等小學）	蒙校	無
基礎	幼學	或家庭教育或社會立幼稚園	無

表中所列者。上必起於下。下不必至於上。上必具於下。下不必有於上。例如僅受必要教育者。不必能受充量教育。受充量教育者。則必曾受必要教育。受必要教育預備者。直接爲受必要教育之預備。間接則乃至爲受充量教育之預備也。但是進受必要教育以

上之預備。故僅卒業蒙校者。未養成人生處世必要之能力也。必要者。卽義務所由起。卒業小學者。已得成就人生必要之能力。故義務教育齊此也。幼學蓋未是學校教育。但爲施受學校教育依止之基礎。故義務教育不取此也。然基礎之良否。所關極爲重要。不獨愼始於學語學步。且當愼始乎胎教。及父母婚媾之遺傳。尋常教育。則所處境地稍優裕者。皆當受之。蓋大抵爲一般人之資守所能受之教育。受之者則不僅能求人生之必要。且得漸進於美樂之生活矣。增上教育以去。則有當擇各人資質所能及所宜受者。人之資質不齊。非必皆能受之也。故進普徧人之本位而爲一分人之增位。充量者。充足成人之量。受至必能教育。已得狹義成人之具體。亦得進修爲廣義之成人。然必受至充量教育。方充足狹義成人之量。與廣義之成人密邇。或卽得廣義成人之具體。過此則自致乎廣義之成人而已。非學校教育事矣。幼學最宜重者爲體育。一歲前後。蓋純賴乎他人之保字。且身體孱嫩。最易受害。故爲之母者。必習知保姆學術。始足勝字育嬰孩之任。二歲以上。則得因其欲自步自食等性。而漸教之自動自衛其身體。五歲至六歲。則必教之於隨身衣食行住坐臥起居等尋常皆粗能自爲照管。若冷則自能加衣等。及爲有益於身之游戲。活健其身心。次宜重者爲美育。以此期渾然唯官覺情感。其感覺最爲敏銳。知識則由感覺而開。美感必與樂感俱。故孩童最富美感性。而常好得美術之玩具。讚美之言。亦孩童所最樂聞。且憶持不忘。故其一言一動。聞他人讚美者。往往喜作之。而勢必積成習慣。且聞讚美他人者。亦恒喜效習之。能利用美玩具及讚美言。誘開其知識。坊正其言動。更順其情性。導之自描自製種種輕巧玩具。且導以愛惜。則智育德育。卽在美育中矣。次宜重者爲智育。一歲以上。卽欲以別種音聲代啼聲而索物。且發聲以指別所見之人物。順之而示以器物。教以言語。至四歲則日常習見者。漸能別之呼之。而一數至十數。亦能舉之。增進至七歲。則能由語言而受學義矣。至五歲則當於玩具模刻華文獨體字之紐音紐。及通行歐文。或一種或數種字母之字形。教之手拼其形體而目察其形。相循之而爲辨定其字音。令於字之形與語之音。習起聯合觀念之作用。亦教之數其字數。至六歲更教以華文一切獨體字。且教依之寫畫華歐諸獨體字形及數其字數。不謬則逮入蒙校。於書數形聲之基礎已立。但須增多之綜變之。

及教之以文義耳。又其次則德育也。此時期兒童尚無自觀力及情識情習之志行。殊無道德可言。然彼雖無所志。習成於不覺而發見言行矣。良窳之根荄。已植乎是矣。染習乎惡家庭之孩童。三四語中。必雜一罵語。拋磚擲石。囂叫跳奔。其粗蠢獷野。令人觸目生憎。則以無幼學之德育也。此皆是爲受學校教育之障礙者。故德育當始之於習語。勿令聞效各種囂罵之言。繼之於習動。務令寓快樂於益身美感之游戲。而以奪其玩具與所愛之衣食。及示其怒容等爲罰。則不用扑教訶教。則孩童必爲純良之孩童。而學校師亦易以施教也。此期之受教育者。十之九分。是處世之各個人及大同世界之各個人。此二義所謂無乎不在者下文一一述之、其一分則化合家庭之個人也。蓋六歲內之孩童。對於家庭。除能稱父母等名。及親近父母等外。無別能爲也。然在世界則固已爲人類中一人矣。但除養成其能受學校教育。及至進爲成人之基礎外。蓋無別鵠的能到達也。此期之施教者。必用婦人。其施教育機關。循按之國習時勢。固在乎家庭。然以組織公共幼稚園爲宜。何者。家庭之業。非專在教育嬰孩。在教育嬰孩事。多荒廢。妨害。幼稚園則無異學校之專爲教育機關。且應仿同尋常之師範校而設保姆校。教育嬰孩者。必須曾卒業保姆校。而爲一種專門術業。始臻完善。但未至乎大同之世。此奢願殆難償耳。則父母於教育子女。爲成人之責。不得逭也。蒙校最重者國文。此爲教學總依。地理歷史修身。皆消納國文中。不用別編教科書。其前半期。已漸富單散聞憶力。故亦但令多聞名物而憶持。不須組織文義。通用之數千字。皆使認識形聲及其本義。且習書之。至後半期。乃教之綴合文義。誘開其綜合之思憶推想力。至卒業則能爲一百字內文章。亦可用文達意也。屬此者則有教讀誦教解說教書字教作文之四項。殊文則但於字母及習用爲符號等字。能識能作能讀便足。次重者珠算心算。要能用加減乘除。以衡量綜錯物之中數者。便可。字算令粗識算術各種名詞。得進受小學而已。不求能用也。書之與數。乃求學辨事之公器。亦識物思理之大原。佐之者。(一)爲圖像。眼前無實物可舉者用之。(二)爲器物。直舉日用習見等物。（動物、植物、衣食等物、）示其名而令辨其數。此二物也。(三)爲工作。令習作灑掃禮問。及諸輕快娛樂等手工器物。俾知良楛巧拙。此一事也。凡是皆智育也。積極之德育條件。略舉爲四。(一)和助相愛。(二)勤勞自奮。(三)尊重相敬。(四)忠慤自誠。習成此四善德。消極諸惡德自離。推而廣之。善德盡乎是。而權輿於小學。然須在教師平常之言行身教之道德之中心。則各個之個人及家庭之個人是也。佐之者。則文史中所讚美之人事。及稱頌善德之譜爲音樂歌唱者。而樂歌之功爲鉅。以其感入童心者深也。消極之罰。則當養成其以恥辱爲大苦而恥之。及靳其所樂所愛耳。然逢暴獷兒童。應亦得用適宜之體罰。體育當全用蒙特梭利之修治繕練術。務條暢之。令自增長。注重衣食起居。令自愛精潔。自爲浣濯。於各種工作作字、作畫、珠算等、亦習練手指者、各種游戲之中。寓整齊嚴肅之法。必有益於兒童生機之全體。自爲發育。愼勿用近軍式之體操。揠苗助長也。此期兒童唯樂歌最富美感。圖畫則依標本塡寫粗具形像。尚無美觀。然於其日常所作所學。皆當利用其好美之情。誘導練習之。而自然界物。尤宜處處引起其美感。不獨對於作字等而已。此期教育之鵠的。固在預備其能進受必要教育。然已養成其各個個人之五六。家庭個人之三四。社會個人之二三。國家個人之一二。設甚不幸而不能進入小學。亦可以勉强自生活矣。此期之教育機關。宜男女生合校。略似一公共家庭。施教育者。則亦任曾受師範教育之婦人。

小學何以有普通專門之分。嘗觀主張國民教育實用教育者。與主張人才教育文美教育者。無術調和而兩得。夫欲造成多才多藝之學者。其小學亦僅爲進入中學以上學校之預備耳。則效乎實用之能力。固可期之中學以上。而所養成者。亦將有改進家庭社會國家之能力。而僅欲造成其國民資格實用能力者。將以小學爲教育之終期。則可不爲其學成後之個人能生活適存乎現狀之家庭社會國家者地乎。今分之。則普通者爲進入中學之預備。而國民資格亦已在其中。實用則不妨暫置緩圖。專門之小學教育。則唯在令卒業後卽得致之實用。夫俾處社會家庭間。於已具有自立之能力。於羣能爲適宜之應付。亦豈泛然易成。必令專習一業。則自立之能力成。而自能應付乎羣耳。能應付乎羣。國民資格固自在其中。且各隨其專門所習。亦不礙進受乎尋常以上之教育。審其所處境遇及所生資性而分之。此期兒童當猶未能自審擇其所宜、則審之者當在乎父母師長、若進中學、亦可任學者之自審從矣、由是而兩得。循此標準而施小學教育則所宜者不須繁述矣。然所異者多分在乎智育。而有關乎實用之殊文殊語。亦當知其大概。其次則普通校富美學。文詞書法圖畫音樂皆是、而專門校則甚貧乏。惟德育則略同。應以各個國家家庭社會之個人道德爲中心。女校特注重家庭教育。海陸軍校特注重國家道德而已。體育則男普通校及專門之農工商校。兼取軍式訓練。使成人後能自爲組合保衛地方。及能盡國家服兵義務。海陸軍小校。則全取此時期兒童所能爲之實際軍事訓練。夫農工商校。固以致生活之實用。而服兵固無待乎專校。然欲造成海陸軍將領。則固當築其基礎於專門小校。但此最應愼擇其資質所宜者也。此期之教育。庶乎完成其能自立自治而得自由之各個個人矣。否則亦得其七八矣。而家庭與社會之個人。已成其半。或成其過半。特成人後亦尠能運用而增進家庭社會之共業耳。於國家之個人。亦成其半。成人後已能盡國家普通之義務矣。此期已分男女校。女校教育女師任之。男校教育男師任之。中學以上亦然、然女生受教育期、或終於中學、或終於大學而已、其長成較早、二十歲上、鮮有不爲妻爲母者、中學以上。智育德育並重。其次則爲美育。又其次則爲體育。海陸軍校不在此例、其體育在講究習練小己大羣各種各種衞生術。以健康其身體。煥發其精神而已。除海陸軍校外。唯當習練柔術拳術劍術耳。而農工校等實地習練工作。亦有益乎體育者。更有兼智德體美育而一之者。則修習佛學之禪定。及各種儀身古禮之可取者是也。然中學於軍式體操。每星期亦不妨舉行一次。中學之道德中心。當依小學於社會下更加入世界之個人道德。亦以普通者為進入大學之預備。然卽不進入大學。而此程度內之成效。亦自著也。其各種專門學校。皆應隨時地風俗之宜而設之。雖一一皆可進入大學。要以此程度內學者。卽能致乎實用為期。例如中學程之師範卒業生、卽得爲蒙小校教師、然非不能進受大學程之師範教育、 其所學於成人後。不獨能自謀生活。亦能運用而增進家庭社會之共業。故已養成家庭個人之七八。社會個人之六七。國家個人之五六。世界個人之二三。而各個人之自治。已得完備。

大學以上。於國家當受學位。握其樞者。則在國立之分科學校。而大學之道德中心。應取化合國家社會世界家庭之個人道德。各個人之自治。則先已完成矣。此期學成。則得完全家庭之個人。而社會個人得其八九。國家個人得其七八。

太學則以化合世界國家社會之個人道德為中心。而通程教育上之能事畢乎是。究之則至此方全成處世之各個人耳。故大同世界。必將人人受此充量教育。更作一分科大學之學科表以說明之。

學科
- 理學
  - 名學
  - 數學
  - 質學
  - 力學
- 事學
  - 教育學（即師範學）
  - 法理學（各種關乎政治者及倫理學皆屬之）
  - 醫學（催眠術當可屬此）
  - 農學
  - 工學
  - 商學
- 實學
  - 心學
  - 生學
  - 物學
  - 地學
  - 天學
- 文學
  - 字書學
  - 詞章學
  - 疏證學
  - 歷史學
- 美學
  - 音樂學
  - 圖畫學
  - 詩歌學
  - 雜藝學
- 宗學
  - 哲學
    - 希臘哲學
    - 歐羅巴哲學
  - 子學
    - 孔子學
    - 老子學
  - 佛學
    - 內學
      - 大乘學
      - 小乘學
    - 外學
      - 吠檀陀等六派是也其餘神教瑣瑣天愛之說無足研究

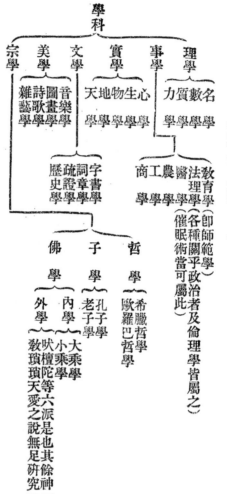

教育之學科

名數質力之學。其實唯在心物。推究之極。則所立者離乎實。而僅存名理焉耳。然學術皆由之而緣起。所謂萬物出乎無有者也。教育等六。則皆人羣相教相養互助互愛。而得以生存之事業也。生活幸福所營求者。蓋不外乎此。實即心物。前一心學。後三物學。生學。或唯物學。或通心學。凡名之實有所命者盡於是。故諸有法。皆以心物為實體。實體者。自證直覺之所可得者也。亦由因種親生自體者也。文學則唯能詮之聲名文句身聚所詮物理事義依之而不卽是所詮也。所詮依之。故呼火未嘗得水。非卽所詮。故呼火未嘗燒口。不徒文字亦攝語言。且兼世界各種文語而言。蓋文字固依語言而起。藉語言而通。然亦非止代表語言。喻以數學上術語。語言者如點。文字者如線。故文詞傳久遠。而語言不然。但此科不在求文字之彣彰華采。貴在治理能詮之文。器而能如量楷持所詮之義理也。字書學近人多稱小學。大概言之。則字形字音字訓是也。謂之字及字聚。或名及名聚。此所謂字、唯取字母、華文字與名一、除華文外、皆字與名相異、綴數字母、方成一名、否則但爲聲之符號故也、又案梵文之八囀聲、亦卽名類、猶歐文區爲八類也、由字形故。亦兼書學詞章等。皆以是爲依。辭章者。綴數名以爲辭句。積多句以成篇章。謂之句及句聚。與文及文聚。文賅始終以字爲始、以章爲終、故莫非文也、又案梵文六離合釋、亦說明句法者、佛典十二部、當亦卽是文體、則講究研習文章之軌則。及其體式是也。文體盡備一切格式。凡學說歷史詩歌表譜皆屬之。疏證者。或疏證字書。或疏證詞章。或疏證歷史。此大都在疏通證明論定難讀之書者。卽作字典詞典者。亦屬此。故字書學等亦依之。但此專在從種種方面考訂。三量中以聞量爲極。不取發明耳。歷史乃記載過去人羣之遺言遺行遺迹遺澤者。然過去者已滅。無故所詮者唯依能詮存。離能詮更無所詮者可尋得。非若地理等所舉者可從而尋得之也。華文之古籍。若春秋詩書。皆應全歸乎歷史。易除孔子易傳禮則周官儀禮曲禮王制等。亦唯應歸於歷史。當歷史上一種往言往事觀之耳。歷史有兩方面、一者過去全世界之事迹。二者、現在各個人之感念。是故不徒以聞量為極。而記載亦兼乎評論也。然固以藏往而不得據以推來。藏往者所以興情感而豐情識也。文學譬之醫學。字書則物理學也。詞章則製藥學也。疏證則藥品之陳列也。歷史則醫方之編集也詩歌雖亦一種文體。然在文學譬器用品中之瓶。多取瓶用在美學則不徒重文采。而尤重音節。如珍玩品中之瓶。取供陳之美觀。不必取其用。希臘美術古時以鏤塑術為大宗。即中華之摹刻金石學等。亦應屬之雕鏤術。技擊即柔術劍術等。故以雜藝概其凡而等取之美學中。餘者可知。宗者總持。有學者以哲學為科學之總和、義亦今符、一切學術皆本之為建立而展轉緣起。若諸科學之假定原理、皆取之哲學、在哲學上或降其原理為非原理、而更有為之原理者、故宗今亦訓尊。一切學術皆向之為會歸而差別融化。若一切科學、其結局皆達到於哲學、由哲學觀科學則科學失其統一而不存在、若江河朝宗於海洋、入海洋則更非江河也、故宗今亦訓通學者文教兼能詮名言與所詮義理。故名相義相之宇宙現象皆爲文教。文爲物象之本、則一切物象及附著物象之生化理量、皆自然之文教、若云煥乎其有文章、則人事之著手禮法者、亦文教也、而宗學亦卽宗教。宗教則是一切學術之通相。若耶回等師徒所建立傳行者其人神巫。其事神業。其教神話。謂之神道鬼道。其神話略不容人研究。稍一研究則已完全冰消瓦解。都無存立之餘地。故決不得謂之宗教。而但應謂之神話。案華文譯耶穌等爲宗教、其在歐文、本是「神道」之義、譯爲宗教、義實不符、今於宗學都無取焉。於人事有可取者則在慈善團等資生事業。然今之世其神業神話。但可供歷史記載而已。故宗學與宗教一而必與神話離。凡哲學有涉神話者。亦應提清而分別觀焉。宗學爲吾私立名詞、故界說之如是、然宗學之流派皆不可以一義狀。故但舉其宗師別之。今所稱哲學亦可謂之西洋宗學。希臘哲學亦可謂之西洋古宗學。歐羅巴哲學亦可謂之西洋今宗學。其流派不遑繁舉。而所謂大陸派英倫派。則近世融合無間。不復成派別矣。夫歐學固皆承之希學者。然培庚笛嘉爾來固已特現異彩。進至康德叔本華諸哲。更食化於梵學。駕出希學之上者遠矣。故得分希學歐學爲兩大宗。而歐學文以德意志派爲大宗。子學亦可謂之中華宗學。（亦可合子學佛學為東洋宗學、）孔學則全取論語為本。易傳（文言等）禮傳（大學中庸禮運等）擇取之。孝經在宗學無甚足取。孟子全取之。荀子擇取之。（荀學久湮而其義有過孔孟者、最宜發明之、余別有荀子論、）漢之揚子與宋明之程朱陸王等派附之。其餘漢唐宋明清諸儒則文學事學而非宗學也。老學則以老子為本。管（管子雖早於老子、然其義未純、故當以老子為宗主、）列莊韓諸子則擇取之。莊為最富。其次則列。則韓則管。而魏晉諸賢宗老者附之。（不取神仙天師道士等言）即周濂溪陳白沙之類。亦當附此。（案宋明理學諸儒、固皆得之禪學、然濂溪白沙超放人世、所修者最近天乘禪學、明憨山師嘗判老莊為天乘禪學、故濂溪等雖號儒者、而當屬之老學、特非天師道士之流耳、程朱陸王等則不然、固同孔學之為人乘、蓋禪學無經界、適人則人、適天則天、孔孟等亦有禪學、老莊等亦有禪學、印度之瑜伽派、其天乘禪學、尤高於老莊、禪學固不徒佛、佛學亦不徒禪、而佛學於諸禪學、兼容之而更駕出之耳、又以宋明儒喻之佛教、則程朱若佛教之小乘、而陸王則佛教之大乘、程朱陸王之同為孔學、亦猶大小乘各派之同為佛學、）此外晚周諸子。墨子之根本義為天志明鬼。純是神話神業。餘篇則理學（經上經下大取小取、乃是名學、尚同兼愛非攻等法理學、亦雜神話、其製造器械等工學、在今當亦無可取矣、）而已。名家為理學。法家屬事學。陰陽家則但神話神業。雜家集錄人說而無所歸宿。可取者仍在孔老之說。縱橫家農家小說家在宗學更無可取。故但孔老二派。佛學亦可謂之天竺宗學。亦得謂之東洋宗學。舉佛學總表天竺宗學。故以內外別之外之六派。雖非佛學。而佛學中固多引之而爲破斥。且中華佛藏中。向譯有天竺佛學外最高之勝論數論二派宗本義。而在日本學佛者。新近更有迻譯。且其精義。佛學固皆挾有之。然六派中吠檀陀派、其先亦本是一神敎或二神敎、唯近世則大放異采、完全脫離舊義、同乎近世歐哲之說明神義或高過之、餘有四派皆無神、此六派中、亦雜神話或事學等、神話無研究地、故當與學術分別之、故得舉佛學概之。勝論數論。其義皆高過希臘諸哲遠甚。歐學昔之大陸派英倫派。亦未足望其項背。康德以來。則庶乎近之。內學爲純正佛學。有大小乘之二別。別中之別。則小乘在天竺派別甚多。在中華則晚唐來久已衰息。大乘在天竺但般若瑜伽二派。在中華韓日派別頗多。今不須述之。然本義不越般若瑜伽。而有綜變之功耳。大小乘經律藏。皆漫無研究頭緒可研究者。在乎論藏中宗論。則其文嚴義審。條理精晰。有非科學書之組織可及者。而密藏則亦神秘之道焉耳。故今宗學中。但取其宗論藏。

此所分理尃等母科。非適宜立專門校者。專門於農學工學等。固當別設。徵而析之。則於歷史學欲專攻周易詩書三禮春秋三傳。則中華史中更爲類別立三代史專門校可也。然此種別業。應是學者隨性之所樂。自擇自修。校中爲大概之研究耳。即子科亦分科校中唯應專習其一者若雜義等而與他科兼習之而已除專門之宗學校在學校中皆不應有奉一宗師之儀式（自蒙學以至太學、奉孔子等亦所不取、）雖分科校中修宗學者在校中亦但攻究其學理踐行則當在校外憑個人之自修西洋宗學大概有理論而事行盡乎事學無立專門校之必要藉立專門校亦無異分科校中但攻究其學理而有須立專門校者則孔學校老學校佛學校是何者其研究理論兼須與修習事行相脗合故也大學上皆得有之中學以下則不須也此類學校必是由社會（若孔學會佛教會等、）或個人設立之其學者必是由自由信仰而集合之則校中亦必須有尊事宗師及教師之特別儀禮嚴肅莊敬四威儀皆與禮樂相應乃實踐修養一重要條件故也且由止而定而安而靜而慮而得尤爲密切工夫夫靜慮則梵文禪那之華文也觀孔孟莊列諸子得相應者皆由乎是相應則梵文瑜伽之華文也程子主靜孟子先立乎其大皆是然陸王尤近之夫大智誠乎中則至仁自浩然大均而充生不已精進勇猛以爲社會國家世界乃至普爲一切衆生皆無異乎爲個人是之謂大我是之謂成人（此義以尋之中華沙門明紫柏師當爲第一）肥遁山澤固將隱居以自求其志一向貪愛幽閑而棄乎羣生、則適得其反耳。雖廣義之成人在乎自致。既專門修習宗學。則固當立其確乎不可拔之基於有程期學校。而後乃可自入宇宙之無程期學校。且此類專門校既由學者自由信仰而進入。則亦卽是自致乎廣義成人者。蓋人者資守不齊。早成者。中學程後。固已有完全之自擇自信力矣。

宗學專門校。僅被最高一流人。由最高者出其緒餘以膏沐羣倫。不在國家。不在學校。其任責乎個人。而其樞在乎社會。各派學會教會。固皆得泛有爲中華計。爲人羣計。則孔學會老學會佛學會爲尤要。由中華之組合。進爲東洋之組合。進爲世界之組合。人道之豐。必有難預測者。其組合之內容。當有兩大別。一爲宣導。（宣講慈善等事屬此、）二爲研究。（研究會及宗學專門校等屬此、）則謂之社會教育。

或慮分國家道德之中心。失國民之統一。則何如。應之曰。在學校通程教育中。雖分科太學之宗學科。除攻究學理。吾固未嘗引一種教宗哲學。確定爲主張。若夫各個人由特殊主張所集合之社會。及組織之學校。則國家固不得取人民集會結社言論思想信仰營業之自由剷絕之。卽從國法上嚴密言之。亦示之以分限而已。且國民普通道德築於中小蒙學。而此在大學以上。則何礙之有。至恒民於學校外。所自認公認爲有益無損之特殊志行。國亦烏得强賊其性刼奪其愛哉。蓋法之所禁。亦極乎姦害而已。國之與法。亦人之所作所用。若不從神話說明者。固無萬能。且所謂國定德目。名由人作。義由人取。勢必容人爲種種解說。夫國者。一口之人自執干戈以自衞守其周圍之謂。則愛國適成愛各自個人。或人自爲戰而各攻各禦耳。凡可名而不名者皆法。而法性離言。法法各住守其法性。而不相交涉。是謂之守法。故守法則不徒羣業渙散。且一切變象莫不寂滅。勇進固違德。何遽限於爲國。大勇精進勢且越自然界而長往。況能令其安心桁楊桎梏哉。夫亦奚足刼持人心。設曰吾將定精審之義界。使不得畔越。則用以定義界者。還卽名詞。仍必容種種解說。界說果足持乎。亦藏舟於壑。自以爲固焉耳。更進言之。則事物皆無所謂中心。假以集合調和之關係爲中心耳。個人爲有自然之中心矣。然粗而言之。其身亦各細胞各機體緣集和合之果色耳。且身者不自忍爲個人。忍之者在乎心。心周涵萬境而無自相。亦安有所謂確定之中心者。個人且然。況國家但人之別共業而無自體。實體唯人物者乎。有以國家喩人身、人民與血胞者、此大不然、認有個人者、唯人心自認、非細胞認之、亦不待外物認之、國家自身、但是一名詞、認有國家者、必在人心、且必與國對立、而人心中國家觀念乃明晰、故曰別共業、且今言細胞、亦爲人心認之、細胞不能自認也、而各個人豈待國家認之乎、縱使各細胞皆能自認、然個人固仍有人心之自認、亦細胞得喩人民、而人身不得喩國家、故國家決無自體、由是知事物皆由衆緣集成。而幻現一中心勢力耳。對此爲緣、在彼卽爲事物、故一一緣亦皆衆緣集成、非待先有中心主宰而集起。論者倒果爲因。皆由惑於一神眞宰之神話。夫昔民何嘗專持國家主義哉。然又何嘗無國家成立。故國家之成立。有無量因緣。不得是一非餘。蓋所非者或適是成立國家之緣也。此之謂無盡緣起。明乎此者。雖持絕對之國家主義。正不妨汎任民愛。何者。民求立國。非國要求民立。任民愛自求多福。適以增國家之繁榮故也。

夫論者固將以充中華民國之敎育。持此主義。立此學程。其坐而言耶。抑或起而張施耶。欲張施者。固不得不依中國國民現狀而施張。察之中國國民現狀。無論大多數未受敎育壯夫。學程學齡必不能符合。卽學齡符蒙學小學程兒童。亦奚嘗有如量容施之學校及敎師。且能悉令來受敎育乎。然吾有說。

論國事者。欲陶鑄一國人民。則令國民均受必要之敎育。亦可已矣。過此則在各個人各家庭之自求多福。蓋非僅應社會國家中個人之必要。亦將憑其自由志行。以運用社會國家。夫有形之類。大必起於小。行久之物。族必起於少。不獨個人即國民亦然。今中國之國民。假以大多數國民、代表國民全體。其尚在幼學程耳。雖九州之大。五族之衆。不妨同時有能施受充量教育者。然置其不齊。統類以觀其齊。從之而施教育。夫可以知矣。將陋就簡。無論國家社會個人。務多設蒙校。專門農工商小校。及女普通小校。女小校當純以能處理家庭事務、及保育幼學嬰孩為實用、所謂賢妻良母教育是也。故女普通小校、亦即女專門校、男普通小校。學齡不必求定符。若在小學齡者、未修蒙學、亦得收入蒙學、縱使迫於營求生活、不能進受小學、亦必較未受蒙學者賢多、又若中學齡之女生、亦使得受小學教育、卒業則即可為賢妻良母、學程亦可稍降格。若素無幼學之孩童、固將從五六齡所應受之教育教起、校具不必求完備。教師亦可稍融通。若蒙學無女教師、則用男教師、無若干、師範卒業生、及農工商中學卒業生、則一校必有一幫教師、其幫教師凡能任國文科者、皆得任之、且善用二部教育法以節之、則學費教師。當未至甚窮蹙。更隨地隨俗之所宜。以為誘導。若務令學生習慣、與家庭社會之慣習符合等、勸之迫之。攝而教育之。使全國已有運用家庭社會國家之力者。皆依此一致以求小學齡內兒童。均得受蒙小教育。則十年後之國民程度。必大有可觀。以所養成者。皆能致其實用於家庭社會國家故也。同時次當重者。則為中學程女專門師範校。女子近欲求參政權、吾謂不如求握蒙小學教育權也、卽將期婦人任蒙校及女小校教師。則現有之中學程男師範校但保存之已足不必求增矣。蒙校任之女師有多利益。女子事農工商業。多分不若男子。故居純粹分利之多數得此則亦能間接生利以充裕家計。一也。蒙校師由女子任之則任蒙校師之男子皆得從事農工商業及國家社會各種相當職務。則國家社會等共業。必大增富榮。二也。女性溫和細密善慰貼人情。且富美術之工巧。修治。教育兒童。男子實不如女子。由之造成美健兒童乃人羣莫大公益。且得於學校自教養其子女。三也。女小校所教皆取婦人於家庭之實用生活。男教師必多所扞格而有不能教不便教之者。此乃一切家庭幸福所待命者而得之由任女教師。四也。女子曾受中學程師範教育者。縱不出任蒙小校教師於其所舉嬰孩施家庭教育。必勝於僅受小學者。而教育之基礎實築於幼學。將來人羣一切良事業皆由之產出。五也。故中學之女師範當速求增設務令十年中有如三千萬兒童數所須有蒙校女小校之女師。俾十年後於必要教育程下得一切如學程而施設。又其次則任之各自家庭多各社會及國家政府派遣卒業中學者擇宜留學各國。唯應專注重各種工藝學。其次則農商。其次則海陸軍士官。其餘學校者。概應停止。留學若卒業法律政治者。則已人浮於事。亦以矯國民一受教育卽希望營業官吏之虛榮心習。且精神文明。中華自富。但應從而發揮之。而中學程下。則無留學必要。又其次則隨地隨宜廣設中學程上之工農商醫校及海陸軍小校中校。對是四者。有餘力有特尚者。則亦不妨施受餘種學校教育。而綜是四者。有前二者。則有民生及軍事之兵卒。有後二者。則有民生及軍事之將領。夫國民不富不强。何待而政治之良。亦著於是矣。民皆能自立自治。則人道亦由是大昌於家庭社會國家。有運用力者。胥致勤乎是。樹國何必百年。近之十年。遠之二十年。卽能一切依學程而施教育矣。

此則專指學校教育者。然此二十年內。其已失學之壯夫。及在中小學齡內已不能不自謀生活。雖欲受學校教育而力有不能者。其失學之壯夫。或且爲學校教育之障礙。則又何如。此其所舉者。最爲普徧。然但令現在之小學齡及小學齡上一切失學國民。略具常識而稍成增進。則甚平淺。此則一在救濟學校教育列而舉之。（一）半日學校（二）星期學校（三）夜學校是也。二在通俗社會教育。列而舉之。（一）勸學會。（二）宣講所。除定處定時之宣講所外。又當利用多人集合之種種機關。而爲瀹溉常識及勸學之宣講。所謂機會者。（一）舟車旅客。（二）工廠。（三）婚喪慶吊。（四）寺廟祭日。（五）地方紀念日。（六）游戲場。（七）劇場。（八）開會場所。（九）家族會。（十）商業會。（十一）熱鬧市場。（十二）通衢。（十三）茶寮酒肆。（十四）公園運動場。（十五）廣告招貼。（十六）副作用。其說明見沈頤君之普通教育議。（按沈君尚有二部教育貧民學校及代用學校、此可歸入前之普設蒙小學校中矣、）及某君之通俗教育利用機會灌輸知識之方法。此則各善會學會政會教會會員皆得爲之。但當不背救濟學校與勸學及灌輸國民常識之宗旨。其宣講或當習練。及擇有宣講之才者專爲之。實則有運用社會力者隨宜談論。皆得於無形中化導國民也。至能受書報之益者。則已略具常識。然能本此宗旨。多編行白話小說。其益滋大。

大同世界圓滿生活之教育

問曰。此之學程。若所謂大同之世實現者。亦適符乎。答曰。試懸揣之。彼時人類羣業私業。善力增上。互相招感。由醫學生學心學之進步。人之壽限。當亦較長。假定平均各得七十歲。論其所得遺體。卽良其所感環境尤善。固不得不與今異也。學程但須劃爲四期。幼學期與今同。七歲至十二歲爲小學期。十三歲至十六歲爲中學期。十七歲至二十歲爲大學期。除病廢等不能受充量敎育者。人人皆令受充量敎育一也。除病廢者及在學齡內者。人人皆得人羣中完全自由二也。所用之文語。同一精簡繁富優美。所用之儀法。適當靈通敏捷完備。受中學敎育者必已勝過今之卒業太學者。三也。過學期後。所接觸者多美樂之境。所遭際者皆和愛之人。無不可薰陶德性。四也。除病廢者二十歲外五十歲內。人人皆直接生利者。作務時間短少。當不過四小時。恒得自由於美會遊嬉娛樂於學會研究學術。五也。除病廢者五十歲至五十五歲或六十歲之女人。皆爲幼學小學敎育師。五十歲至五十五歲或六十歲之男人皆爲中學大學敎育師。六也。五十五歲上或六十歲者及病廢者。皆專修宗學。以成超俗或化合衆生世界之個人。七也。則兼廣義狹義之敎育而貫澈之。

問曰。此與孔子所謂大同之世者。果盡同乎。答曰。橫論之則大致相同。縱論之則有不同。蓋孔子所稱美之大同之世。局定時量。且局定過去。若以是爲趨向。則成復古主義。今則不局時量。而存其志願於現在之將來及將來之現在。故有異也。何者。過去已運往而滅無矣。其事迹存乎現在文字中之歷史。其化義持乎現行人心中之感念。且過去之大同之世。現存文史中。亦無明晰紀載。而現在之入乎過去。法爾歸無。不假功用。若人自然須死、不必設法乃死、其由功用而務善希樂者。祇是現在之將來及將來之現在。謂之二世緣起義。然非謂於過去之現在中。必無大同世界。何者。統而計之。物無始故。局而計之。此一世界有人羣化道者。亦必非僅齊歷史所載伏羲得河圖洛書等。近有在非美洲發見古美術文藝者、例亦同此、皆足推想前此已有文化之人羣。若佛典載此大地上人、已經過九回增刧等、其增刧即大同世、特茫昧無可明證。且以過去之現在現在即實有時、非現在即非實有時、已過去而滅無。決不能復現。而聞持者唯是現在之文史心念。設使過去世事物復現。即發見古器等、則現者即是現在而非過去。故今是二世緣起義。而非復古主義。豈僅不欲復古。乃實無古可復也。

問曰。蔡子民君云。其現象世界間所以爲實體世界障礙者。不外二種意識（一）境地人我之差別。(二)幸福營求之差別。能劑其平。則肉體之享受。純任自然。而意識界之營求。泯人我之見。亦化合現象世界各別之意識。爲渾同而得與實體脗合焉。故現世幸福。但爲不幸福之人類。到達於實體世界之一作用。今此主張者。與彼何如。答曰。亦有同有不同也。實體不離現世。而大同世亦屬現象。由實體觀之。皆實體。由現象觀之。皆現象。現象之不同而非實體。一也。由現世觀之。現世幸福自住於現世。即其對將來大同世之樂觀。亦屬現世幸福。謂之思食。能增益現世人之喜心善心。而將來之大同世。尚未實有故也。合二世緣起義觀之。不徒現世幸福可爲達到大同世之作用。即大同世之幸福。亦可爲更到達何種鵠的之作用。故以能謂二世之幸福爲善。不偏重現世。亦不偏重來世。如營業之人。所得利益。未嘗不用之以快樂身心。故現世幸福自住乎現世幸福。未嘗不積之爲營業資本。故現世幸福亦是將來作用。而蔡君之說。則如不衣不食。而但欲積爲營業資本。二也。大同世亦人道種種正因所緣起。在乎一切自由人營一切自由業。非以純任自然爲美。三也。

問曰。然則與進化論所期望將來之圓滿生活者何如。答曰。亦不同也。進化論者。有過去將來而無現在。蓋但有客觀而無主觀。且其客觀。亦非圓滿之客觀也。無現在故。不知實有者。唯現在之刹那刹那。而欲盡以現在爲犧牲。而致祭乎未來之一空名。倒見倒取之甚者也。又以無現在。故唯傾向未來。故蔑往世而尊來世。愛兒童而暴父老。不知由事實觀之。往世之事實已滅無。來世之事實尚未有。而有之者唯是現在人心之意識感念所有者。唯是意念中取著之名言影像。何須蔑。亦何須尊。由緣起觀之。將來之美者。固將由現在而緣起。現在所得者。孰非由過去而緣成。現在之竟得或可欣愛或可憎厭者。皆憑過去而緣或。古豈但應蔑乎。將來當有之或可欣愛或可憎厭者。皆藉過現而緣起。來豈盡足尊乎。壯夫由兒童。亦待壯大以緣成。兒童固須愛矣。壯夫待父老以緣成。而壯夫亦將爲父老。父老豈可暴乎。此又偏見偏取之甚者也。然亦非盡不同。

問曰。此與無政府主義何如。答曰。亦稍不同。彼則純從解決政治共業達到之故。不獨空間絕對不容家國存在。時間亦絕對不容家國存在。此則純從利用教育共業達到之。故一期中不妨家國等隨宜隨俗之存在。且繁榮。又彼或偏以各自個人主義。勢將淪滅人類由積化所增起之羣業。成老聃所謂至治之世。或成野人野猿之世。否則偏於有羣無子主義。使人類互相必以大羣爲衡轡。個人志行之自由不得稍申。二者均未是中道之行。雖調和而成中道之行。其達到者。亦但化合人羣世界。尚不能超俗及化合衆生世界。由政治消極達到者與由教育積極達到者。廣狹深淺。不同故也。

問曰。然則無政府共產社會主義實行時何如。答曰。由各盡其所能各取其所需觀之。固同也。然彼或偏於使人類互相必以大羣爲衡軛。故應更界別之。蓋人之所苦者。不徒不得各取其所需。而尤以不得各盡其所能爲大戚。知各盡其所能。正是所得之大樂。則不徒各各自勤其業。而亦不限止於化合人羣世界爲滿足。雖然。今人或有能爲盜賊帝王巫覡官吏歷制戰爭商賈欺詐者。而大同世則無從以盡其能矣。是故當有界說。其各盡所能之事有利。利益與樂謂之善業善業則兼現在將來無害。害損及苦謂之惡業惡業亦兼現在將來於己有利無害於羣者。則應自勉交勉之。此融各一個人與化合人羣及化合衆生之個人而一之者。乃大同世中庸之行也。無利於己且有害於己而有利無害於羣者。若殺人救人舍生利物等但應任之各自個人不徒不應交勉亦復不應交禁。乃化合人羣衆生之高行也。單就來世論。則亦未嘗不有利於己。有利於己或有害於己。極至若無端自殺等、而無利於羣無害於羣者。不得以彼爲羣之份子、而以彼自害卽爲害羣、羣無自體、但是各各自己相對之衆人曰羣、各各自己有需有樂於羣、或害其自己、彼且棄其自己何有彼相對之羣、故羣不得干涉之、或但交勉彼無須出此。而絕對不應交禁。然大同世此等事必甚少甚少。乃各自個人主義之極行也。學齡內人則得禁止之。有利於己或有害於己。若故意自致狂易殘廢、而仍不得不累羣者、而有害無利於羣者。欺詐鬭罵暴虐懶惰及取非所需而但供毀壞等、大同世或未能盡除、若王賊巫吏等、則自絕矣、王吏等在大同世不獨害羣亦且自害、然未大同世、則或利羣或害羣或利己、或害己、且約二世。論於己亦但有害而無利。故絕對應自禁交禁之大同世之惡行也。然其勉之與禁。當取何道。一者文史語言交稱之而交識之。二者居動工作交親之而交疏之。如是則已矣。而其功在乎學術志行之修養。要言之則教育者而非政治者。道德者而非法律者。感化者而非強制者是也。更益之以敬愛長老。憐愛兒童及病廢者。乃至一切生類。蓋前者爲自由平等。而此爲博愛。是以教育由長老施之。而彼時當有四種社會。一者工會合農工而一之、總攝一切工場、商賈則已絕矣、此當有各種工作別別日行之公守常則。

二者美會。（衣食住及游行等處，皆應屬之美會。）除工作外。純任自由而行樂也。三者善會。此以互相營救天時地理人生上等災禍。及醫治衆人之疾病死亡等事。此三者由壯夫掌理之。而老幼共享受之。四者學會。此又分二。（一）科學會由學校師長理之。兒童共學習之。壯夫自由研究之。（二）宗學會五十六歲以上長老掌理之。壯夫自由研究之。殘廢人等皆依修習之。然攝屬學會之工作。則應壯年之偏廢等人之能作務者。及中學以上學生作之。不及者則壯夫助之。故彼時之人。二十歲內可謂之受業時。二十一歲至五十歲可謂之作工時。五十一歲至五十五歲可謂之施教時。五十六歲外。可謂之超俗時。各個人之自好。固不得一割求齊。姑妄言其概略而已。而一切皆養成於教育。

結論

雖然作斯論者。亦現在之人耳。此員輿中之相續人類。固將有大同世乎。未可知。即大同世必實現矣。此亦未必與大同世人心中之感念及其實事相符。微而析之。此則吾一人心中之觀念耳。更微析之。與年俱化。此特吾心今日之觀念耳。勤而行之。

是在上士而吾及吾人現在各各客觀中所實有之。中華民國國民。其所當張施之教育。則從幼學程而增進之焉耳。邦人君子。其儻得吾心之同然歟。如曰不然。任之自取。

（篇下終）

佛教人乘正法論

第一分　總論

佛教有五乘法。曰人乘。曰天乘。曰聲聞乘。曰緣覺乘。曰如來乘。前二世間。後三出世。唯如來乘。完全此五。今論所取。但在人乘。此人乘法。其本源出於如來乘。故曰佛教人乘正法。然此非以窮幽體玄造微證眞者也。乃以現今人倫之習慣風俗性情爲質地。以佛教人乘正法爲準繩。使咸納乎人道之正軌耳。蓋人倫者。唯習俗性以爲誠諦。離習俗性別無人倫。倫即人類人群人道、涵有綸貫思理之義、所以異乎鳥類獸羣之亂無道法也　故不務高遠。而唯求犁然有所當於群萌之心行也。若夫明心見性。發眞歸元。洞萬化之玄微。備衆德而淨妙。則塵垢粃糠陶鑄堯舜。在乎有志者自爲之耳。非所以論於萌俗也。

人倫之道德理法。是人類群合之所緣生。非是人類爲道德理法乃生也。蓋自然界生死流轉既暫爾得生爲人矣。因愛有生。綦愛生存。外患強烈。生存維艱。謀相保以生存。乃緣起乎社會。既生存矣。更謀蕃昌。浸假而習識人類生存蕃昌所必要之術。布爲文敎化合民心。是爲人倫道德理法。沿習成俗。積化成性。故此人倫道德理法。亦曰人倫理性。必如是人類乃生存蕃昌文美安樂。不如是則人類必致爭奪殊殺險亂困苦。馴至羣功渙散。倫業消滅。然人心莫不惡刼奪殘殺險亂困苦。莫不愛永保其生存蕃昌文美安樂。故此人倫道德理法。又積聚成人類之良心。爲人類生命情性上所心要之大條理。而不可須臾離之矣。若近世之倫業羣功。雖謂由此道德理法所生可也。然人心猶未能全合此人倫道理也。設能完全契合乎此。則人倫之昌盛和樂。必不止是。吾可斷言。

至人道之慈善行業。由一部分人類於生活力上有所缺憾而見功者也。人類受範於自然之生界。若猝然遇水旱風火兵燹等災。於生活上頓生缺憾。理有固然。勢所必至。故須慈善行業以營救之。若夫因荒學惰工。欺盜淫殺。致失其生活力者。雖曰孽由自作。無事嫗煦。然欲廣其慈心。令充生不已者。亦當一視同仁。以慈濟之。

要之人倫之道理及慈行。不外安守分域。相爲利益。此倫理上之最大公例也。今論亦闡明此人倫道理。推行乎人倫之慈行。因國習以求功。隨民俗而施敎焉耳。其趣道眞證無生者。全超越自然生化界。且不見有生之可愛。況相謀以保蓄昌文美乎。故今當釐定宗界曰。出安分相利外。雖有勝業。卽爲餘事。出人乘戒善外。雖有勝諦。卽務高遠。出國法民情外。雖有勝說。卽妨倫俗。今論概無取焉。其非勝業勝諦勝說者無論已。

第二分　信仰皈依三寶

依佛典有三種三寶。一曰性體三寶。二曰聖賢三寶。三曰住持三寶。三寶者。「佛寶」「佛法寶」「佛法僧寶」是也。何爲住持三寶。依像而見之佛塔寺是也。依書而傳之法經藏是也。依律而住之僧叢林是也。而此住持三寶。又依僧寶而住。僧寶淸高。佛法興盛。僧寶汚卑。佛法衰替。是故獨以僧爲住持。住卽居住不遷之義。持卽任持不失之義。僧有僧相僧德。辭親投師。受戒持律。三聚無犯。六和無諍。此僧相焉。修證禪。學通經敎。此僧德焉。然具僧相尤爲住持三寶之要。此具僧相者、卽具律儀、猶儒家禮樂未嘗、不美、以無住持部衆、故祇空言而無實事、蓋禮樂依羣衆而存、離羣索居、則無禮樂可言、國家禮制、因勢變遷、時異俗殊、則難固守、唯集自由信行部衆、始可新故相傳住持佛教、有此住持部衆、故律儀相不致隱沒、傳戒講經、坐禪設齋、皆具僧相者、以與禮制樂器相應。今者僧衆浸不清淨、唯仗二三叢林守之、須整理焉。具僧相者以律居異又分二衆、即「比丘」「比丘尼」是也。比丘尼衆亦但附屬、實則在乎比丘而已。苾芻（即比丘也）所宗多分出世三乘之道、今不述之。但知僧衆所以為佛教住持三寶之一者足矣。

信仰者信仰三寶也。性體三寶。修定慧者可自心證知而世不得見知聞知也。聖賢三寶世可聞知而不得見知也。可見知者良惟住持三寶。住持三寶又依僧為住持。故在家男女信佛信法矣。尤須禮一所信仰之比丘為皈依師而後信仰儀式始完全也。蓋佛教非同天神教可不必見知證知而向渺茫漠無之虛空著其信仰者也。信仰佛教儀式維何。由所禮皈依師於塔寺中佛像或佛經前陳香光之供、作鐘梵之樂。為說三皈或一戒乃至五戒。一也。贈與佛像或佛經或縵衣或念珠。二也。為立一皈依三寶之法名。三也。教令每晨行三皈禮。或念佛名。四也。如是信仰於諸信仰。最為清淨。最為簡便。

皈依者。皈依三寶也。皈依三寶者。信佛教之普通禮儀也。無論在家出家。皆須行之。無此非信佛之徒也。猶之五戒爲人倫之通常道德。無論何國何教。莫不崇之。無此非人倫之類也。故信仰皈依佛教者。必兼三皈五戒。

第三分　三皈

云何三皈。誓有願。其皈依師。當教之稱誦曰

自皈依佛　誓我生生　永不皈依　天神鬼物

自皈依法　誓我生生　永不皈依　外道邪教

自皈依僧　誓我生生　永不皈依　損友惡黨

自皈依佛　當願衆生　體解大覺　發無上心

自皈依法　當願衆生　深入經藏　智慧如海

自皈依僧　當願衆生　統理大衆　一切無礙

反本還源曰皈。知止心定曰依。此中前三皈爲發誓。後三皈爲願。誓以自軌乎正。願以推善及人。三皈義理。可淺可深。其皈依師。當隨解說。淺則婦孺與知。深則聖賢莫

窮。更敎每晨行三皈法。盥漱事畢。隨所居處或家中或行旅無處不可張供佛像。或陳佛經。手爇淨香。身披縵衣。誦此二種三皈依詞。每一皈依卽禮一拜。共六拜。畢乃作他事。所費時間。日僅五分鐘耳。於諸人事。都無妨礙。

第四分　五戒善法

云何五戒。今當先列其名。

一不殘殺而仁愛

二不偸盜而義利

三不邪淫而禮節

四不欺妄而誠信

五不服亂性情品而調善身心

此之五戒。上截卽是倫理原則。下截則同儒家五常。上截在止所不當爲。下截在作所必當爲。能止所不當爲。則所作者自合於必當爲。專作所必當爲。則自能遠離於所不當爲。止所不當爲者曰戒。作所必當爲者曰善。今因省稱。故但曰戒。具足應云五戒善法。勿惰必勤。勿怯必勇。則爲通策五戒之要行。然不得同於五戒善法者。以勤勇未必善。惰怯未必惡也。果敢而力作所不當爲事。亦勤勇也。此則不如惰怯猶足損減惡行。唯惰怯於應止之事而不能止。不勤勇於當作之務而不能作。斯爲惡耳。然勤勇於當作之務。亦不可偏重其一端。宋墨之自苦爲極。斯斯噶多耶耶穌之冒難相尙其爲仁義也。過勤勇蓋於禮節及調善身心者偏廢也。若孔子庶乎中正耳。

第五分　在家六衆信徒

云何於在家信仰徒衆中。又分甲乙丙丁戊己六衆。卽依所受五戒完全不完全別之也。凡皈依師爲說戒時。當先告以五戒名義。及此六衆差別之界。雖讚其勝。勿貶其劣。令彼自擇。勿稍勉强。方可廣攝羣機。令無遺類。

甲衆但受不偸盜而義利一戒。蓋四性戒。佛雖俱重。唯此偸盜國所必禁。犯偸盜罪。卽犯刑律。故此一戒。國民必守。以裨國治。莫大乎此。以廣攝機。亦此爲最。否則娼優屠獵之類。無由信奉佛敎故也。或復隨彼受者所喜。於五戒中自擇一戒受持。亦准甲衆。

乙衆則較甲衆加受不邪淫而禮節。一戒端正風化。增進民德。此爲其最。除娼優類皆得受之攝機亦寬。或復隨彼受者所喜。於五戒中自擇二戒受持遵守。亦准乙衆。丙衆則較乙衆加受不欺妄而誠信一戒。誠信既爲人人必要之德。則自人人所易行也。於五戒中受者自擇三戒持守。亦准丙衆。丁衆則較丙衆又加不殘殺而仁愛一戒。若論道德。此戒量重。然在國羣行之稍難。是故次於第四。於五戒中。受者自擇四戒持守。亦准丁衆。能完全受持乎四戒。已足爲極良善之國民矣。戊衆則受具足五戒。今當略說五戒義相。前之四衆所受一二三四之戒。其一一戒所有義相。亦皆準此。

第六分　不殘殺而仁愛

云何不殘殺而仁愛。殘謂傷有情類（有情類者即動物也）身體。殺謂斷有情類生命。雖在殺器。亦不得執。雖在惡蟲。亦但防除。非徒不殘殺人類也。此則當兵執刑屠畜煮蠶。皆在遮止之例。稍難通於國法民習。故今當依方便。凡由國法所起殘殺。若戰敵國及刑務民。爲避瘟疫滅諸毒蟲。此雖以殺止殺之事。可權輕重偏開許之。則於國民義務無妨礙矣。且應了知爲國卻敵卽是愛利全國人民。而對敵人亦復汎仁。第令退降。非必殘殺。故仁義之師本在維持和平也。屠獵等業。則可改操。不能改操。則可但受甲乙丙三衆戒。故在此戒。定遮止之。略舉戒相如左。

一、非依國法。勿執用殺人器。勿傷殘人身體。勿殺害人生命。

二、非衞身命。勿執持兵器。勿傷害諸禽獸魚蟲類生命。

三、勿於禽獸等親殺使殺而食其肉。

四、勿食見殺聞殺之畜生等肉。

勿業漁獵

勿業牧畜

勿業煮蠶繅繭

勿屠剝烹燒鳥獸鱉等類

願令福樂而無災苦之謂愛。推愛於衆之謂仁。但欲謀己福樂而除己災苦。不恤喪人福樂而致人災苦。此雖愛己而不愛人。不得謂之仁愛。仁愛者愛人如愛己。人未有不願己之得福樂而免災苦者也。愛人如愛己。則亦願人之得福樂而免災苦。斯不爲殘殺矣。亦唯不殘殺而後乃眞能仁愛也。蓋人心無轡。不善則惡。必斷絕淨盡於殘殺之業者。仁愛之量乃全。必純粹充滿於仁愛之行者。殘殺之根乃拔。試隨國俗之習慣。略分仁愛之事相。

當慈愛兒女

當恩愛父母

當敬愛師長

當保愛幼弱 幼弱者不能自全福樂而自脫災苦則當保護之

當和愛友朋 兄弟當在師長幼弱友朋之間

當專愛夫妻 是男女間愛情專之夫妻非以不愛父母師長等爲專愛

當親愛國民 本國人皆屬之

當尊愛國家 代表國家之官吏議員軍人皆屬之

當汎愛全世界一切人類

當憫愛盡大地一切有情類憫彼愚痴苦惱而不傷害之

第七分　不偷盜而義利

云何不偷盜而義利。偷謂詐騙潛竊。盜謂强劫豪奪。舉要言之。人倫間物。主權轉移。必依正義。不與而取。非分而取。無功而取。皆偷盜耳。除直接之偷盜爲國法所禁外。今當略陳不義利之事以戒之。

勿賭博

勿閒蕩

勿消費遺產而不事生業

勿丐求度日而不圖立身

能資生活而遂慾望之謂利。致利於宜之謂義。功食相准。受施相稱。知利己須利人。卽利人爲利己。是之謂義利。人人行義利而後偷盜除矣。人之生活於人倫中。其交待者廣矣。一日所飲食服御居寢者。不知經幾何人力而後得之。然則食於衆者將何功以償之受於人者。將何施以酬之。不可不思於直接（若農工等）間接（若商賈官吏軍人教師等）之生利事業。謀任其一。任其一而致其勞矣。乃可與社會交為功而相為利。人已人人。各得其宜。試隨國俗之習慣。略舉義利之差別。

當教育兒女

當孝養父母

當供奉師長

當惠施幼弱

當輔益友朋

當分利親屬

當交利國民

當納稅守法以擁護國家之權利

第八分　不淫邪而禮節

云何不淫邪而禮節。淫指男女牉合之事。不正潔之牉合。則為邪淫。略舉戒相如左。

一不非人淫。除依國法民俗所正式結合之夫壻妻妾外。不得行淫。乃至男與男。女與女。及一切畜生等均不得行淫

二不非器淫。除夫壻妻妾之男女根外。若自他身。若內外物。一切不得取以行淫。

三不非處淫。除夫壻妻妾之房室床第之外。於一切處不得行淫。

四不非時淫。於一切不宜行淫時。不得行淫

又淫者過甚其事之謂。邪者旁越其行之謂。性男女之慾情。最易過於旁越。禮節乃緣之生起焉。故曰君子之道。造端夫婦。合理而行之謂禮。適當而止之謂節。合理則正而不邪。適當則樂而不淫矣。自夫妻以至於國羣。皆有其禮節也。無論何事無論何行。不明分理。不量性能。或以責己。或以律人。至於過甚旁越。皆足為害。故概加以淫邪之名。而居己處羣。均不可須臾有畔於禮節也。此中條目。不遑一一舉之。但能正乎男女之慾情者。斯已得禮節之本矣。

第九分　不欺誑而誠信

云何不欺誑而誠信。欺者以術愚人。誑者以言詐人。誠者公私如一。信者言行若符。

不欺誑。始可以誠信。積誠信則可絕欺誑。人必待社會而生活。國家亦一社會社會之力。持於名契。名契之力生於誠信。不誠無物。吾不得知人不誠信則無社會。社會則斷斷乎可無疑矣。上至與國交盟。下至兩人相約。行事。欺妄。語言。誑罔。決無屢行而不失敗者也。致誠信者。毋自欺也。當以一切時一切處不妄語爲本。

第十分　不服亂性情品而調善身心

云何不服亂性情品而調善身心。凡飲食之含激刺奮興性者。皆足以習爲嗜好。腐敗身心。幷拂亂其性情。血氣由之而貤行於盜邪等事。愚者畏果。智者愼因。故當俱遮止之。略舉戒相如左。

勿食鴉片

勿食各項煙草

勿飲酒

勿食各項奮興性毒性藥品

眠起。飲食。衣服。居處。勞働。休息。聚談。研習。每日皆有一定常度。則身心自然調善矣。

第十一分　五戒之類別

能完全守此者。謂受具足五戒。受持具足五戒。則必爲人間之賢士君子矣。此在儒門爲士希賢。此之五戒。有性有遮。前四性是罪惡。故戒。戒於人心之危者也。後一遮其罪惡。故戒。戒於道心之微者也。何則人倫中之善惡。皆以及乎人者爲斷。若欺誑淫邪等。其事必由交待而起。不行則已。行則必致有害於人。害人故卽事是罪惡。若飲酒等。其害但及於身。在於他人固無妨害。然因飲酒則每致亂行誤事。馴至於作殘殺偸盗淫邪欺誑等罪惡。故亦不可不遮止也。

第十二分　增上五戒

已衆則受增上五戒。云何增上五戒。依前具足五戒而更增廣高尚之也。一畢竟不造一切殘殺業。而慈護一切有情生命。較前應添條件。略舉如下。

不執兵權刑權

不充軍警

隨所聞見常贖放生命

隨所聞見常和解毆鬬
勸同胞勝殘去殺
勸各國弭兵息戰

二畢竟不造一切偸盜業。而力謀一切同胞利益。應添條件。略舉如下。
不取非正義之財利
不作損害人之營業
奉事有道德之聖哲
尊顯有才智之賢士
教育孤貧之兒女
撫養老弱病廢之無告者。
授乞丐等無業游民以正當工藝。拯濟天災人禍之各地同胞。

三畢竟不造一切淫邪業。而以禮節綱維民俗之風化。應添條件。略舉如下。
不踰越公守之分理而行

不違反國羣之風俗而行

常守非人非器非處非時之邪淫戒

常勸人守邪淫戒

助他人得依民禮國法而正式結合

助男女同沐文明道德之化而各得和睦生養之樂

四畢竟不作一切欺誑語而以誠信正直人倫之名守應添條件略舉如下。

不於兩處調唆是非

不譏訕嘲笑及種種罵詈

不作豔詞綺文及浮夸無實之說

合禮義而後言

所言必可踐履

然諾不渝始終

五畢竟不服亂性情品而修潔端治其身心。應添條件略舉如下。

不啖血肉

不事華飾

不食葷辛

不觀戲劇

於樂境知足不貪之無厭而自迫

於苦境知離不嗔之無已而自害

於平等境善觀察不癡闇惛悶而自迷

能受持此增上五戒。終身守之無失。（此中若不服兵不食肉等其理由甚長、當另出之）在人乘則優入聖域。而復爲天乘之初階（此在儒爲希聖希天）後有必生於三十三天矣（此天橫有三十三衆、猶一地球而有五洲非謂層疊而上、有三十三天也、層層而上、欲界色界無色界共二十一天、此當離人最近之一天耳、）

第十三分　持戒之因果

佛教三世因果五趣輪迴之說。其義深廣。不遑敷陳。但憑眼前平陂往復必然之理。信之可也。此之五戒。卽爲人道正因。一戒不守。必墮三塗（卽畜生等）人人一戒不守。則人道斷絕矣。守一戒至三戒。雖得爲人。未能完全人格。人人守一戒至三戒。人道可由之而保存。受持四戒。人格乃全。人人受持四戒。人道可由之而蕃昌。受持具足五戒。則爲良士。人人受持具足五戒。人道可由之而進善。受持增上五戒。則生生於人類爲大聖賢。人人受持增上五戒。則雖地球變成忉利天界可也。

第十四分　傳授受持之方法

此人乘法六衆人等。其皈依師爲受戒時。當極任自由選擇之。既擇受已。必嚴遵守。非有必不得已外緣。勿輕退捨。若迫因緣。必不能守。則當宣告退捨。不可覆藏而故犯之。或牽外緣。或因不知。於所持戒有誤犯者。當於佛前發露懺悔。悔者悔改除惡卽善。改過卽功。故能懺悔。卽無過惡。又或於每夜臨睡時。內心省察。有過犯則日求減少。無過犯則自深慶幸。積久行之。其善德必昭昭然潤乎身也。由甲衆而進於乙衆。如是次第進至戊衆己。衆亦爲進善之徵信。仰者於此皈依師受乙衆戒。異時亦可別禮一皈依師受丙衆戒。餘衆仿此。雖有多師所受。殊分而不妨亂。然所受戒唯仗善心自爲監督。以守持篤行耳。若受之而不身體力行之。甚至故犯之而又掩藏之徒爲自欺。不如其已。

第十五分　斷疑生信

疑者曰。觀五戒所陳者。預及男女之居室。口體之嗜欲。何其苛人私曲之深。侵人自由之甚耶。其非特立高行者所樂從乎。應之曰。自由之說。今少衰矣。然英國穆勒約翰者。生最崇自由之俗。而又爲最重自由之人者也。其著羣己權界論曰。「以小己而居國羣之中。使所行之事。利害無涉於他人。則不必謀於其羣。而其權亦非國羣所得與。忠告教誨勸獎避絕。社會所得加於其身者盡此。過斯以往。皆爲蔑理而侵其應享之自由權者也。此所謂行己自由之義也」。然則雖其人之利害無涉於他人。而他人固猶得忠告教誨勸獎避絕之也。今五戒所陳者。獨第五戒非直接及於他人者耳。前之四戒。爲其不當爲。其害固及他人。爲其所當爲。其利亦及他人者也。律以穆勒之論。固他人得而干涉。今佛教之用爲教義。則概唯曉喻勸導之而已。信受與否。既悉聽人心之自擇。即擇受矣。奉行與否。又唯任人心之自持。而不藉錙銖强迫之干涉者也。即在佛教之住持僧律儀之繁密。亦甚矣。然其始之出家也。既唯自意之所樂。出家矣而不能清淨乎律儀在師長則勸告教誨之耳在僧衆則默擯而避絕之耳。亦不藉錙銖强迫之干涉者也。此眞各主其身合意爲社之大自由義也。使特立高行之士而不崇自由則已。設崇自由則佛教正特立高行之士所樂從耳。況此人乘正法。乃人道原始要終之常德淺之則不唯可通於文明之俗亦可通於僿野之倫。深之則不唯可通於開化之邦。亦可通於郅治之世。其關於生理羣誼心術者廣矣。知其名相而不窮其原委。持之固可冥受其益。能窮原竟委而明之。則持之當彌堅。而行之當彌篤耳。何爲其不可信從乎。故政與教殊勢。政之所禁。行且直接有不容避之囹圄刀鋸等刑加焉。政之所勸。行且直接有不容辭之爵位利祿等賞加焉。而教戒之所可否者。則自擇自受自持自行自信自繩自欺自捨而已。然佛教人乘戒善。依其所可否者而行。政之所刑者未嘗不自離。政之所賞者未嘗不自合。違其所可否者而行。政之所刑者未嘗不自合。政之所賞者未嘗不自離。而效功之美善。固有國政之刑賞所不逮者也。故曰齊之以刑。民免無恥。齊之以禮。民恥且格。然離之合之者。在人自致而已。握其權力者固在政不在教也。教之所施始終不踰於忠告善導示誨勸喻而已。此政教分塗異用而相助為理者也。蓋唯明於政教之大分者。乃知之耳。彼神教名教之混合於政權者。非此所論。故自有史以來立教無清淨於釋迦者矣。

疑者又曰佛教人乘正法。洵美善矣。然人情不皆美善也。以至美至善之教義。律不皆美善之人情。又絕無權力可干預其間而為左右。專憑口說筆語而期其自擇自好自受自督自趨自致。殆人情之所難能乎。應之曰。人情雖不必皆美善。而美善固人之情也。且人情未有不好其自所謂善者也。特偏娟之私蒙其明。而天演之虐困其生。或迫之而過激其行。或牽之而苟且其事。積習慣。習慣成性。陷惡而猶自以為善。或者繩以人倫道德。乃謂彼其人好惡而不好善耳。若寧解其虐而澈揭其蒙。滌其習而援出其陷。其心縱未淳善。若夫識別善惡之能固有之矣。由之而好善矣。由之而擇善固服矣。何為必不能哉。夫人倫道德者。人所別於禽獸之理性也。生而為人。既有合乎此理性而行之可能也。況其從幼至長周圍所漸漬者。皆人倫也。又安可謂其必無合乎理性而行之本能乎。有此本能而不現行。則隱顯之殊耳。緣以感之。聲以通之。由隱而顯。固將沛然而莫之禦。佛教人乘正法。卽人倫道德也。本非夐絕恒蹊而爲人情所必不可及之事。其在淺識之民。但能信受。雖行持之久而漸明其故。亦有益無損也。夫奚難能之有。

新舊問題的根本解決

現今中國的學者於文化思潮上發生了一個新舊問題。紛紛爭辯不已。然考其所由爭辯之故。因以先有了兩方面不同的知見。一方面則以凡較新者必較好。較舊者必較壞。故吾人唯當選擇孰爲較新者而取之。孰爲較舊者而棄之耳。又一方面則以凡較舊者必較妥善。較新者必較危險。故吾人唯當依恃較舊者而趨之。閉拒較新者而避之耳。於是復有第三者產生。謂舊者既美惡雜糅。未嘗皆壞。新者亦良窳間錯。不能全好。故吾人當兼取新舊文化思潮爲材料。加以析別擇取的工作。乃能改造不危險而好的耳。

然此三者皆有膠著於某某事件爲新的毛病。因之復生出一重爭辯。或爭歐戰後從西洋傳來的文化思潮爲新。而辯中國自己所有者一切皆舊。或爭中國先民所遺傳者旣經現在的人所應用。則舊還是新。而辯西洋的文化思潮。亦皆從積古遺傳所發生。況展轉行到中國。則新亦成舊。依是又生出一重爭辯。則謂西洋傳來的思潮在西洋雖云已舊。然現今初流行到我中國則卽爲新。顧反對一方面則又謂中國自有的文化在中國雖云已舊。若傳布到西洋各國則亦卽爲新。甚或如新湖南新潮等雜志。指斥新中國雜志爲假冒新招牌。抑若新之一字乃爲某個某個事件專用品似的。以之戲論層出。糾繞無極。

夫某個某個事件。乃具體的實物。而新之與舊。則是抽象的假位。可偏附於一般具體的實物。發現而一一具體的實物。不能拘束彼抽象的假位使專屬某個某個事件。且抽象的假位唯由意識爲之分別安布。於同一事物亦可在彼爲新。在此爲舊。對較新的那一方面則爲舊。對較舊的這一方面則又爲新。而新之與舊對於好不好妥善不妥善初無一定關係的。故在事不必爭辯。且新舊不專屬於一個一個的事件。而唯是各人意識於對境上分別安布的假位。故在理無可爭辯。然此不過是吾對於爭辯新舊的世論觀察如此。未是吾於新舊問題的根本解決。

吾於新舊問題的根本解決分述如下。

一、實無新舊　吾人嘗謂某人某物爲虛假僞妄者。亦以某物在此時雖暫如此。在彼時彼時則又如彼如彼遷變而無一定。在此處雖特如此。在彼處彼處則又如彼如彼差異而非一致。因此謂某人某物爲虛假僞妄耳。凡虛假僞妄的。必是不可靠靠不住的。換言之卽是無價值的。不是虛假僞妄的。是有有價值的。則謂之眞實。由此可知凡眞實的。必是沒有時世的遷變而恒常的。必是沒有空界的差異而普徧的。而新之與舊。皆是在時世的遷變上及空界的差異上前後彼此相對待而有的。唯是虛假僞妄的。故「普徧恒常的眞實」中是從來沒有新舊的。故「新舊」原是不成問題的。原是沒有辯論價值的。

二、幻有新舊　夫新之與舊。誠不過吾心識上時世遷變空界差異所分布的虛妄假相。然而此不但新舊是如此的。卽「吾人」「吾心」亦是絕對沒有的。但此能否認「吾心」是絕對沒有的。依然是吾心不是他物。更進一步言之。卽忍可那「眞實」的。亦依然是吾心不是他物。故吾心雖然不離虛假僞妄的相然

『眞實』亦不能離卻吾心。故吾心又卽是眞實。而心外執取的對境上所計著的新舊。雖然與對境一般是虛妄的。是絕對沒有的。但吾心中分明顯現的新舊。卽是吾心法相。卻隨吾心一般是不離於眞實的。是故於所執離識的境。而空境本是空。於所現唯心的法而空法實不空。此空而不空者。謂之幻有。所謂幻有者。不是絕無眞實。但是於眞實曾經用心之幻力轉現爲如此如此而已。佛華嚴云。心如工畫師。善畫諸世間。又云。應觀法界性。一切唯心造。然既爲幻有。則亦無可堅執。一堅執卽同對境是虛妄。故是絕對沒有故。

三、有新無舊　夫心者無空界的存在。十方推求莫得其形。今證知有心者。以有現在續續轉起的一念耳。現前這一念的心。前滅後生。纔生卽滅。一刹那頃不暫停留。既以唯心幻有故而有新舊。一切諸法。則充滿大宇長宙間之一切『有法』（有法猶云存在之物）皆不出吾現前的一念。從吾現前這一念心能知的見分與所知的相分推之。本末相依。業果相續。因緣相資。主伴相繫。雖至於世界無邊。衆生無盡可也。然而十世古今。不離當念。恒沙刹土。總卽吾心。夫新莫新於吾心當前的一念而過去過去無始際來一切有法。無不依吾現前這一念心而有。然則尙有何法之不簇嶄全新者。乃攻之爲舊。保之爲舊。豈非顚倒迷謬之尤歟。

四、依新立舊　在依持的能推的心。雖祇這現前的一念。但轉現的所推的古今刹土。卻有種種時代的分位與種種方國的分位區別安布。現在引未來的新過去遺現在的舊。新舊歷然。不昧不爽。所以索過去於過去過去未嘗無索過去於現在。現在未嘗有。索現在於現在現在未嘗無。索現在於過去過去未嘗有。雖然。於此若猶未昧。卻現前一念的自在覺心。則垂垂不盡的舊物。何莫非新新不住的餘蔭哉。

五、有舊無新　然一般有情之類。從來沒有悟入那依持的能推的自在覺心。故祇認得那轉現的所推的客塵境界。且如那仲尼對顏回說的吾與汝交一臂已非其故。又如那希臘額拉吉來圖說的。譬如濯足長流。推足便成逝水。要之既將現前這一念心的全體埋伏在無明無知中。則凡有所知。纔知是有。早已成爲過去。層層疊疊遞傳來的舊影了。未來既是未有的別名。然則凡所有者。不得不謂之唯是現在已過去的舊。絕無現在起將來的新。那避新趨新的。不皆是完全撲了個空麼。

六、析舊成新

我們埋伏在無明當中的人。祇能用後一念的心取前一念的心爲境。可憐那所取的境。早是鴻飛冥冥。僅留着一痕一痕的舊痕而已。但是在我們沒有徹底覺悟過的人。其知識界中既除卻一閃一閃所遺留的舊痕以外。更沒有旁的。則不知不覺便貪戀分別。將那捉得的舊痕。比較着一閃一閃的先後。析爲若干若干的時代。指着這一時代的遺痕謂之曰新。於是更指他那若干若干的時代謂之曰舊。新之又新。則新者亦成爲舊。舊之又舊。則舊者亦成爲新。但新來新去。總不過是些一痕一痕的舊痕。

七、戀舊怯新

跟着人心一種樂平和的性。遂對於已經捕住養服的所有事件。總抱持緊緊的要他永遠不遷流了去。一面恰虛虛地怕那沒有有過的衝出來把這已經捕住養服的衝走了。使他失卻依靠。且有不能捕住養服那新衝出來的恐怖。爲此對於那未經捕住養服的新。便想堵塞他使他永遠不會衝盪過來。

把他已經捕住養服的舊。乃千重百匝的以爲固守之計。殊不知他那已經捕住養服的本是一閃一閃的謝影。那一閃一閃謝影的來。恰如長江波浪。如何能固守得牢。又如何能堵塞得住呢。

八、貪新惡舊　跟着人心一種樂知能的性。遂對於近纔生化施行的所有事件。總希望滾滾不斷的湧過來。一面氣憤憤地討厭那已經爛熟陳腐了的不速速讓開。翻一層一層的遮着那近纔生化施行的不快快過來。使不能早些得到他個明白。能够將他應付利用。爲此對於那已經生化施行過的舊。便想排除他使他烟消雲滅。不稍留遮障。卻把那近纔生化施行的新。乃四方八面的以爲迎受之計。殊不知他那近纔生化施行的新。亦是一閃一閃落謝的影子。那一閃一閃的謝影纔落到知識的門閾內。早已是沒用的陳迹了。何況那過去的早已過去得和陳迹都沒有了的。乃死死的對着他。愛之爲新。憎之爲舊。營營逐逐。膠膠擾擾。不幾似剝翳眼所見的空華。以求空華的華果麼。

九、新舊眞空　從那好知能的性深深透進一層。不但傾向那纔生化來的事件。

圍繞敬畏着他團團的轉。一味的歡迎他崇拜他懇親他結識他。要他明白的表示出來。曉得他是什麼。須能怎樣的應付他。便算了事。簡直須不問他是舊的新的。和盤徹底的將他翻轉過來。一絲也不放鬆的當下要追究出的實在來。但是可憐他本來祇是個石女的兒。那裏會有什麼實在可以追究出來呢。所以一擊百雜碎。便光光蕩蕩竟毫無一些影踪了。到那時便眞眞實實的還報你一聲。……空。……空。……空。

十、新舊妙法　徹底看透了這些新新舊舊的眞實是空。且不見有什麼可以喚作自己的。何況那所有的種種事件呢。一個累累墜墜的世界身心重擔子。從來擔着他沒有放下過的。今一旦脫然的豁掉了。何等輕爽。何等快活。是之謂眞實安善樂。到此方滿足了那個樂和平的心性。自笑從前緊緊抱守怕他滅了失去依靠的非計。且這些新的舊的不是看透了纔變做空的。乃原來是空的。乃畢竟是空的。所以不唯那新的舊的原來是空的。畢竟是空的。且空亦原來就即那新的舊的。畢竟不離那新的舊的。所以空無始終。故新亦無始無終。舊亦無始無終。

空無中邊。故新亦無中無邊。舊亦無中無邊。一舊一切舊。覓一毛頭許不是舊的不可得。一新一切新。覓一毛頭許不是新的不可得。不知則已。知則無不全知。不用則已。用則無不全用。何等絕待。何等圓融。是之謂眞實智用。樂到此方滿足了那個樂知能的性。自笑從前向寒潭撈月的非計。

或曰。你寫了一大篇。竟不曾確確切切的解決那新舊問題。但打些脫空的葛藤耳。答他道。如是如是。然而確切卻又最確切不過了。何故呢。不見道。新舊卽空。空卽新舊麼。不見道。一新一切新一舊一切舊麼。不見道。光光蕩蕩。竟無一些影踪了麼。萬古碧潭空界月。再三撈摝始應知。

近代人生觀的評判

依照平常的做人習慣做去。在平常的人對於做人本不發生什麼問題。所以也用不着什麼解決人生問題的人生觀。獨到了依照平常人習慣有些做不過去的時候。於是遂發生了做人是什樣的做人。是爲什麼的。何必要做人。人是個什麼。可以不做人嗎。這種種的做人問題。既發生。便紛紛擾擾的不安起來。乃皆欲得一個解決此種疑難的人生觀。現今便正是這種的時候了。但是此不過指庸俗的人而言。若在憂深慮遠玄鑒妙悟的哲人。則隨時隨處皆自有其適當的人生觀。然一到紛擾不安的時候。則一般庸的人亦成了必要的需求。故此種人生觀。亦祇將隱伏在泛常知識中。的採集之顯出之而已。今各家所標立的人生觀。種種不一。由予觀之。循環單複。大約不出下列的四款。茲一一將他詮敘出來。亦可見近代各家人生觀的分齊了。

一、人本的人生觀

這人字含有人類人倫人道人羣的意思。要之凡以天地間人的現成生活為基本所生起的人生意義。即是此所謂人本的人生觀。此種人生觀。對於人何從生。何名為人。但依據人類習常的情形行為。指之曰人。生則禀之父母。死則歸之天地。此外即無須推究。即依此立地戴天的人類目為與天地並稱的三才。曰天地之性人為貴。（性亦性類謂天地間芸芸萬類以人為貴）曰人為萬物靈長。其所以翹異於萬有者。固由形體。尤在性行。辨之以性行。故恒以勉赴此人類的性行為標準。惴惴然恐幾微之間墜失其性貴靈長的地位。下伍於禽獸也。然性行卽係之於人倫人羣人道。既爲人類中之一人。依茲一人爲本位而觀其各方面的聯合關係。基之以始生終死的關係。有父母子女等一倫。兄弟等一倫。基之以承前啓後的關係。有夫妻等一倫。基之以分工互助的關係。有主從師資等一倫。朋友等一倫。於此各種關係之間所有適如分宜的理性。謂之曰性。依此理性所起的行爲。謂之性行。依人類渾括此各種倫理的關係和合言之。謂之曰人羣。人羣以同情心爲性。是謂之仁。仁之中又有信義禮智。蓋無仁不羣。無信義禮智。則羣不整理堅靳也。依此羣性所起的行爲。亦謂之性行。推人類的本然者溥徧其羣性言之。謂之曰人道。人道以自由平等博愛爲性。依此理所起的行爲。亦得謂之性行。以此推之四海而皆準。則普徧俟之百世而不惑。則常恆。得此常恆普徧之理。故其心泰然安也。但身命危脆。死滅短迫。既遮撥鬼神之有。宜有以慰其長存永在之慕。於是舉出立德立功立言的三不朽。而以名物文史保留其痕迹。俾得垂久。全依理性所成的行爲。謂之立德。可與天地人俱久。不全合人的理性。（若唐太宗之類頗有乖倫理性）或不關人的理性。（若發明造成各類有益於人類的器用等）所成大有利益於人類人羣的事業謂之立功關於上二類或其餘種種但著之言語文字未措之行事者。謂之。立言則隨人羣信用的高下以成久暫。此卽所謂經營人類的歷史生活者是也。此種歷史生活中所存在者。分別說之。則曰德曰功曰言曰名。總之則言行的遺痕遺迹而已。其託之以存在者。雖在語文器象。而實賴於子孫民族人羣合言之則社會的委形委蛻而已。故此種人生觀。其根底上必永遠的能保存人的社會不破滅。乃爲有意義有目的有價値。否則到底還是一場無結果。然在此人本的人生觀旣依固有的天地間固有的人而起義的。所以決不論思到未有人或人已無的際合外去的。此種人生觀卽是世俗中庸常之理。能於此安得落心的。對於人生便也不成何種的問題了。中國孔門一流的人。雖微有側重人倫的傾向。於人羣人道未能發揮圓滿。然大致也便可以代表此一類的人生觀了。

二、物本的人生觀

物本的人生觀約分三組。

(甲)物質學的。　若中國古來或說爲陰陽二氣的。或說爲金木水火土五行的。印度若順世外道等說爲地水火風四大極微的。其說亦散見儒道諸子。以爲人生者氣之偶聚。偶聚偶散。渺渺漠漠。宋儒亦嘗論氣之全偏純駁。以爲得其全者爲聖傑。得其偏者爲凡庶。得其純者爲人類。得其駁者爲畜類。極成於近世的元子組織論。依此則人與土石草本蟲魚禽獸固同其物質。但其元素的增減分合。其分量上有種種的不同而已。

(乙)物種學的　中國古來若列子所說的青寧生程程生馬馬生人。若莊子所說的萬物以不同形相嬗。若賈誼所說的或化爲異類。但其間似有「偶變的」「進化的」二說。亦極成於近世的物種進化論與細胞生命論。依此則人與一切動物。或與一切植物。乃至與一切礦物。亦但有地位的不同或程度的不同而已。

(丙)物類學的　中國古來若莊子等往往比人世爲蝸角。比人生爲朝菌。比人類爲微蟲。又若晉阮籍比人生天地間如蝨處褌。近世因天文學地質學物理學的進步。彼大地既爲太空無數星中的一星。地質積層既動以幾百萬年稱。而礦植動物之類亦以幾十百萬計。則此世間有歷史來的人類。不大足證實其爲蝸角朝菌微蟲嗎。

此物質物種物類。莫非唯物論的物。人生亦物中的一物。置人生於物中。而後有人生的名義。故皆謂之物本的人生觀。此種人生觀。或有因爲在此看透了沒有甚麼天神鬼我等事。壹心定志回轉到前面人本的人生觀。以專盡力於人羣的事業。或由之看輕了物質。別求非物質的本存在。進入下面神本的人生觀、我本的人生觀、或解脫的人生觀。但在此種人生觀的本位上說來。却是瑕瑜互見短長相掩。使人觀念精深。心量遠大。能察破羣俗情僞。擺落功名富貴。得一較爲明確的理智系統。因任自然之巧。取宇宙萬有之利。以爲人用。其弊也則覺得人生無目的無價值無意義。遂百無聊賴。但縱放數十年的逸樂。聽數命。任運氣。惑恣逞其暴惡。而以能早死爲佳。蓋不徒可以擺陷廓清後面神本的我本的人生觀。而前面人本的人生觀上若三才三不朽等主要義。亦皆爲之搖拔。而不能直立。則但有終必與蟻犬木石大地羣星同化爲游離太空的元氣。聚而散。散而聚。起而續。斷而滅。夫亦尚何道德責任之可言。與福樂目的之可論哉。（無因無果無罪無福的虛無斷滅論）

三、神本的人生觀

先認定有一個無始終無內外的宇宙本元創造者及人生究竟主宰者的天神。由之遂說到宇宙人生的意義上來。謂之曰神本的人生觀。

這種的人生觀是從何而起的呢。大概也有許多由上而人本的—若儒家的天地祖先等種種祭祀—物本的—若懸揣默想質元生元更有一唯一的本因眞宰等—兩種人生觀及下面我本的—鬼靈神祇的唯一元因主宰等—人生觀。展轉積累成就的。但直接的緣因大約兩種。一、是人生的意外獲得意外巧遇或不能如志不能自由。遂想到必是另有一創造人主宰人在冥冥中擺布人的天神。二、是因見宇宙日月星辰風雨雷電山川海陸草木禽蟲及時節寒暑陰晴變化等種種瑰特的情狀。森嚴的秩序。遂認定必有一創造宇宙主宰宇宙事事物物皆不能違越的天神。於是傾心盡意的向之歸依。而神的意思完全成立矣。

此中的「神」。在古書上。或稱爲「上帝」。或稱爲「天」。或稱爲「天帝」。或稱爲「昊天上帝」。或稱爲「帝」。要皆主宰 意思。而絕少創造的意思。說得最明顯的便爲墨子的天志。其餘道家的玉皇大帝元始天尊等。是而極成於婆羅門的大梵天大自在天回教的眞宰基督教的耶和華。此則皆詳言創造及主宰者也。此創造主宰的神。爲宇宙的本元與究竟。亦爲人生的本元與究竟。此各宗教的共同意義。則皆有此一「神」以爲奉戴。以爲依歸。以順從「神」所以生「人」的神意。孜孜做一個信順「神」的人。以邀「神」的恩眷。冀得到與「神」一般永久一處快樂的效果。但其影響於人間有種種不同者。一、因各教各認天神所以生人的神意各有不同。若墨翟耶穌爲一類。以努力爲人類公益犧牲自己便是得到神的天國的門路。儒家附此以盡力於倫理性的德行爲生天的門路。—忠孝節義等—回教自爲一類。以能盡力於同族。戰爭傳播。自蕃自衞。以爲入天國的方法。婆羅門又爲一類。大約一方面自私自尊其族類。一方面解除人世種種煩累以求與梵天冥合爲歸。道教又爲一類。以一方面煉自身的精氣神使能脫卻死的肉軀另成長生的神仙。一方面在人間做些與人有益的行爲。作膺受天封的因地。二、因各教各認「神」的主宰權力有不同。或集重於獨尊專制的。則此中的一神教也。或泛重於分散統御的。則此中的多神教也。一神教的顯者若耶穌教。多神教的顯者若道教。但此中卻無絕對一神教或絕對的多神教者。何故呢。若絕對的唯是一神。則天子天使天魔靈魂生天等義亦皆不應有。故有則此亦不得不謂之是「神」。是神則神固不是唯一。特創造主宰的神是唯一而已。若並立的定有多神。則宇宙主宰者的意義應不能。有有宇宙主宰者則非無一神之義。無宇宙主宰者則便不能成立神本的人生觀。彷彿言之。則耶教等的天主。若獨裁政體的皇帝。道教等的天帝。若貴族政體的共主。或立憲政體的君主而已。至酋長式的多神教。則未足預選於此。

然近古以來更有於「神」的本身上所認不定之點。若新婆羅門教——吠檀陀——謂有幻的大梵。眞的大梵。宇宙萬有皆幻的大梵所作。人能打破幻的大梵。始契合眞的大梵。否則便爲幻的大梵所宰制。不得歸入眞梵。若一契眞梵。則也別無幻的大梵及其所作的宇宙萬有。以皆卽是眞梵。故此則根本上取消人世。且幾乎根本上取消創造主宰宇宙的「神」——幻的大梵——其所謂眞的大梵。則非復言思之境而成爲一種解脫論矣。近世以各種自然科學的發達結果。既深致不滿於耶教等擬似人主人世的天帝天國。亦不以唯物的元子爲愜意。於是更從物的底裏進一層說。有非物的神爲本體。但「神」不是在宇宙萬有之外的宇宙萬有皆卽是神。皆卽是神的本體的實現。實現萬有的歸宿皆卽是神。成爲一種汎神論。在中國古書若道書所謂大道渾成先天地生。窅冥恍惚有精有物。所謂天與之情道與之貌。所謂天命之謂性等。及柏拉圖之說皆近是。此皆以「神」爲本而後乃有人生的意義可言者。

此中神本主義所賦與人的價值。亦各不同。大多看人類與其餘各種動物或各種生物乃至一切的物。不過程度與地位的不同。非無展轉相通變的可能性者。故此卽有生死流轉的意義。（輪迴論）但耶教則特別看得人與他物絕然不同。獨許人乃有所謂靈魂者。得登天國同上帝永生。否則永貶地獄。究之亦不過斷割一期的永定說耳。若輪廻論。人生意義或在兢兢積善業以求善報。或在取得一不退墮的地位。若永定論。人的意義。則在生天。其意義雖皆在乎超人的靈性之我。但要皆從「依」「歸」那宇宙創造及主宰的神或宇宙實體的神。乃有者。故非「我」本而是「神」本。昔康德說形而上學所依據的理性觀念有三。一曰靈魂之觀念。卽以絕對的統一供給於內的經驗者。而純理心理學上之根本觀念也。二曰以宇宙爲一體之觀念。卽以絕對的統一供給於外的經驗者而純理的世界論上之根本觀念也。三曰神之觀念。卽究竟的統一供給於內外經驗之全體者。而純理神學上之根本觀念也。獨以「神」爲究竟統一的內外全體。可見「神」更爲「宇宙」及「靈魂」的根本。

四、我本的人生觀

此中所謂的「我」。卽是「自我」。亦同近人所謂的「個性」。但於這個「我性」要須涵有捨身受身永續不斷的意義。或更加有普通自在的意義。在中國古書莊子謂乘萬化而未始有極。樂不勝計。或謂物各一太極人各一天地又各個鬼神靈性的意義擴充到極端。不復認有造主宰宇宙的「唯一大神」。亦卽成爲我本的人生觀。如此則「人生」及是「神靈不滅的我性」的實現的一節。這實現的一節。亦並未割斷那我性的全體。而且也就是那我性的全體人生所有之意義之價值之目的胥在乎此。而於此亦有進化論輪廻論解脫論。以印度哲學的數論師爲我本的人生觀之正宗。若瑜伽派勝論派則尙依違於神本的物本的之間者也。衡量既立。今且用以一評判現代的人生觀。

今尙在西歷二十世紀的初期。故現代的人生觀。大概不外十九世紀的餘勢與其反動。十九世紀來乃物本的人生觀最發達的時代。在初但與神本的人生觀盡力搏戰。神本的人生觀。便漸漸的立不牢了。但人在物本上尙有相對的地位。且益見趨重人羣的進步。依此進到了十九紀末二十紀初。從孔德斯賓塞以來。便有些覺得人生的意義的價值也漸漸減到零度了。漸漸醞釀遂反動出人本的人生觀與我本的人生觀。到近來似乎都成了一種新的調和融化的人生觀。於這新的調和融化中似乎德國的歐根(或譯倭鏗)稍側重於人本的。德國的柏格森稍側重於物本的。英國的羅素稍側重於我本的。於神本的似乎俄國已故的託爾斯泰尙稍稍注重。於現在其終不能再恢復耶穌教式的神本觀乎。有之。或新婆羅門解脫的神本觀。

或汎神的神本觀而已。審觀現代的趨勢。其在人本的人生觀代物本的而興起乎。其興起或即在人道的充量實現乎。且東鱗西爪摘錄現代人關於人生觀的若干言說以覘一斑。

一、人生在世個人是生滅無常的。社會是眞實存在的。　一、社會的文明幸福。是個人造的。也是個人應該享受的。　一、社會是個人集成的。除去個人便沒有社會。所以個人的意志利快樂是應該尊重的。　一、社會是個人的總壽命。社會散滅個人死後便沒有連續的記憶和知覺。所以社會的組織和秩序。是應該尊重的。　一、執行意志。滿足欲望。是個人生存的根本理由。始終不變的。　一、一切宗教法律道德政治。不過是維持社會不得已的方法。非個人所以樂生的原意。可以隨著時勢變動的。　一、人生幸福是人生自身出力造成的。非是上帝所賜的。也不是聽其自然所成就的。　一、個人之在社會。好像細胞之在人身。生滅無常。新陳代謝。本是理所當然。絲毫不足恐怖。　一、要享幸福。莫怕痛苦。現在個人的痛苦。有時可以造成未來個人的幸福。譬如有主義的戰爭所流的血。往往洗去人類或民族的污點。極大的疫癘。往往促成科學的發達。總而言之。人生在世。究竟為的甚麼。究竟應該怎樣。我敢說道個人生存的時候。當努力造成幸福。享受幸福。并且留在社會上。後來的個人也能够享受。遞相授受。以至無窮。

右陳獨秀說的　見新青年

反對物本的人生觀。為沒有人生的目的及生人的價值。足以生縱欲任運厭世的三種不良結果。而以為健全的人生觀。必基本於精神之我。有精神之我。而後有個性。有人格可言。欲發展個性。必以一己之精神貫注於人羣。而後其精神滔滔汨汨。長流於人間。永不止息。隨社會之進化而俱長。此之謂自我實現。此之謂化小我為大我。此之謂靈魂不滅。又曰。執於生者。適以自喪其生。一粒麥種。方其塊然依然一粒。迨已腐爛。甲坼萌生。久之成熟。結實纍纍。且我之為我。本屬羣我。我與大羣。息息相關。我之生命。非我有。社會之委形也。我之人格。非我有。社會之委蛻也。我既與社會無分。為人卽所以自為。為人卽所以擴充自我。

右劉經庶說的　見太平洋

一、人生以前有生活。死後也有生活。人生不滅。　二、現世生活爲全體生活的一段。三、現世的生活有兩方面。（一）理性的生活。（二）肉體獸性的生活。理性的生活承生前啟死後。是無窮的。獸性的生活。有生有死。是有窮的。　四、理性的生活。是博愛是服務是忘卻自己。是互助是不畏死的。　五、獸性的生活。是私己。是爭奪。是殘殺是畏死的。（按肉獸性的生活卽是所反對的物本的人生）

右託爾斯泰的　見新教育

一、人是具有體相質力和生命而且能夠自覺的東西。或者可以說是人是具有體相質力和明瞭目的意志的自動主動的適應急激的進化而且能夠自覺的東西。二、人是爲精神與肉體。社會與個人。理想與現實相一致的。欲望就是爲精神的肉體的。社會的。個人的。理想的。現實的。各種快樂。具足的快樂。亦是爲人類圓滿的。普遍的。永久的快樂。　三、人要改造做工作的。創造的。博愛的。犧牲的。新自我。和自由的。公財的。共同的。科學的。新社會。　總之人應促進自覺改造新生活以謀人類圓滿的。普通的。永久的快樂。及人人應該作工求學。擔任教育。撲滅強權。改造社會。

右沈仲九說的　見教育潮

陳君的人生觀。乃物本的人本的混合人生觀。其立足地猶在乎物。反對神本的而與其餘各家於人本的。皆有一部分的反對。至劉經庶與託爾斯泰。皆反對物本的人生觀而歸宿於人羣的人道的人生觀。將人本的、物本的、神本的、我本的、選取調融入人道的人生觀。以沈君的說得最爲周密。但總是以這個物質世界上的人類人羣人道的生活爲根本依止的。所以我認爲皆以被下面所引蔡君的言語駁掉了的。

蔡君元培曰。「人不能有生而無死。現世之幸福。臨死而消滅。人而僅僅以臨死消滅之幸福爲鵠的。則所謂人生者。有何等價值乎。國不能有存而無亡。世界不能有成而無毀。全國之人。全世界之人類。世世相傳。以此不能不消滅之幸福爲鵠的。則所謂國民若人類者。有何等價值乎」按以此回視陳獨秀君諸說。將不知其所說。爲主張人生有目的有價值有意義耶。抑爲主張人生無目的無價值無意義耶。由予觀之。直是主張人生究竟毫無意義目的價值者耳。故蔡君逼進一步而認現世幸福為不幸福之人類到達於實體世界之一種作用。而懸無方體無始終的世界實體為究竟之大目的。於是進乎「神本的」「我本的」人生觀。在「超人類化」「超世界化」的傾向上觀察之。其進程固應當由人本的進為物本的(宇宙的)神本的(人及宇宙的實體)。我本的(個性自在的實體) 但陳獨秀君的雖進至限於天然因果律的物本人生觀而止。而劉經庶託爾斯泰沈仲九三君的。則皆能通至乎神本的我本的人生觀者也。

太戈爾 R. Tagore 所著的自我之問題。謂一方面我與木石同居。所以應該承認宇宙的條例。我生存的基礎便也深深的立定在那兒。我們人的強力也穩穩的潛伏在這萬有世界的懷抱裏、與衆物的充滿量裏。又一方面則我是離開了萬物。我已擺脫了平等的牽制。我是絕對的單一。我是我。我是不能比較的。宇宙的重量也不能厭碎我的這個『個性』。在外像方面『個性』是藐小的。在實際上『個性』是極偉大的。比全世界更貴重的多。又曰唯有無止的新與永久的美能給我們自我的唯一意義。要之他於自我問題那一篇深廣周詳的解答。卻所見由人本物本而已進於神本我本的人生觀。然我以爲爲人間的安樂計則人本的神本的人生觀爲較可。爲理性的眞實計則物本的我本的人生觀爲較可。至於現代的適應上孰爲最宜則我以爲四種皆有用而皆當有需乎擇去其迷謬偏蔽之處而已。茲不極論。

但是在佛學上對於右所述的各種人生觀則又何如吾以爲在佛學上於右所述的各種人生觀。皆有所是亦皆有所非。然尙無一能到達佛學的眞際者。今不能詳分判。撮爲一表以見大略。

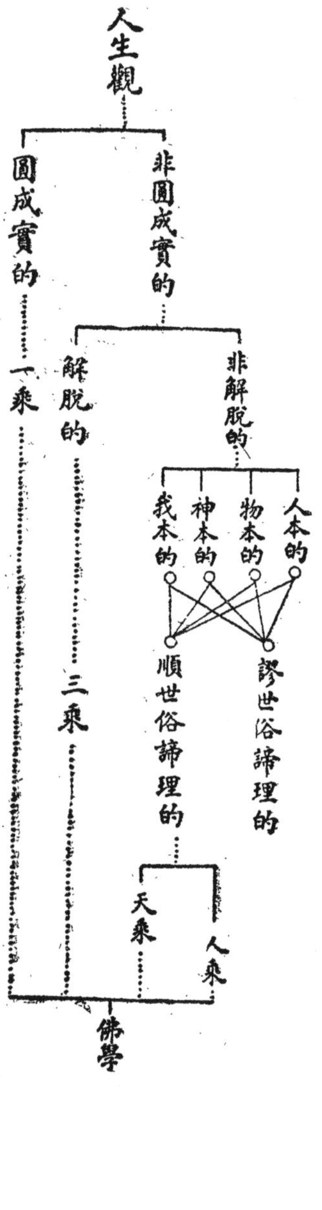

自治哲學

(一)發端

人類羣化變遷之趨勢。橫觀東西洋。縱覽古近史。其繁劇嚴烈莫甚於今世也。自帝國制貴族之化。以至無政府共產之化。其間若君憲之化。民憲之化。國際政府聯盟之化。勞農政府集產之化。此各種人類遷化之勢力殆無不皆尙在爭死活競存亡之中。而未見其極。余旣臚察羣變。暇居靜思。意其必有一溝通貫達之法可藉之會樊然之衆。異得浩然之大均。以免其相衝擊相傾奪。而長在憂患勞累之途者。推校詳審於是。喟然而起曰。其惟自治乎。其惟自治乎。蓋能免除「憂患勞累」者。卽謂之治。而人生之爲治。其道術未嘗齊一。古昔稱天而治。是「神治」而「非自治」也。牧民而治。是「君治」而「非自治」也。立憲而治。是「法治」而「非自治」也。降及今世。神治君治旣不足爲治。而法治亦不足爲治。且皆使人發見其徒增憂患勞累而已。由之反究其何因而致此。始悟皆因「不自治自」而「賴他以治自」之故耳。有人者累。有於人者憂。欲除憂累。其必不有人。亦不有於人。而惟自己治理自己乎。此誠今人由歷受神治君治法治所遺之痛苦。而發生之最深切最週遍之新覺悟新思想新潮流新運動也。以其深切週遍。故近今倡言自治者。非徒平民倡言之。高居政府中人亦倡言之。雖有專制之皇帝貴族。殆亦將倡言之。而遠推至於主張無政府共產者。其所求既同在乎「免除憂患勞累」則換言之亦卽求「治」而已矣。既求「治」則其所求之治。必非神治君治法治而爲自治無疑。夫自治之至。且不僅如世人無政府共產之主張。隨世人所知之量而起言說。且姑以「無政府共產」爲「自治之至」則無政府共產之能實現與否。亦必視自治之能臻其極軌與否爲斷。欲達到無政府共產之目的。固亦舍却循自治之道以前進。無他術也。然則能通貫人羣變化之各種趨勢。以免除其衝擊傾奪之戰爭。有居今不違之德。政府中人亦言自治行遠無滯之功者。無政府亦必由自治端在乎自治。不昭然若揭哉。然自治雖切實之行事。要亦須先明其根本之原理與極成之宗趣。庶建而不悖。不致徒貽後憂。故不可不有自治之哲學也。夫自治之思潮。洶湧澎湃於今日之人間世。既如是其瀰漫普遍。而關係人羣變化之趨勢者。又如是其重大。顧近人若杜威輩。但泛言社會哲學政治哲學教育哲學獨未嘗有一言自治哲學者故余試胡亂言之。然哲學上之自治問題與施行上之自治問題不同其問題在根本其解決亦必從根本上解決之始能圓滿故一言自治不但須說明何者非自治何者爲自治如何則能自治如何則不能自治及應當若此若彼以實際施行其自治之事項而已從哲學思想以追着疑問到窮原徹底更須先發明何謂自何謂非自何謂治何謂非治自固安在治復奚爲自本治何須自治自本不治何能自治果將如之何以自治乎故今言自治哲學當首從明「自」言起「自」之既明乃繼之以明「治」「自」與「治」既明本之乃可言「自治」耳

(二)明自

今𡁜然而曰「自」此「自之一名」其所名之實爲何且其實何在乎使莫知其實之爲何或雖知之而仍莫知其實之何在則僅此「自之一名」而已使所云之「自」但「名」無「實」則自治自治果將安從之以爲「治」而「治」亦將奚施乎。

在實際主義哲學者將曰自治之起。亦本乎人類生活之需求發生此需求者。即在乎「各各之自」。使其先無各各之自。則「自治」必無從起。今「自治」之既起。則「自」必先有在矣。故談自治哲學而首先懷疑及自之存在否。實爲無病之呻吟。但置之不成問題不須解決之列可也。若視爲問題而空費其解決。卒之解決與不解決。與自治之事實。無絲毫損益於其間也。

雖然。今世之運動。固對於要求免除「非自治」所起之憂累而發生。且一方面認「自治」爲有益。一方面認「非自治」爲有損。故排卻「非自治」。主張「自治」而爲運動耳。此非甚高之論。在實際主義哲學者當亦同承認之。然則若非先發明「自治」之所云「自」。自與非自既無由辨。則自治與非自治亦無由辨。昧其實而徒徇其名。又安保運動自治之不適爲運動非自治。排卻非自治之不適爲排卻自治。欲益之而反損之乎。故實際主義哲學者。對於一切「求達眞實」之問題。皆用消極的否定的之不解決的解決。不唯不能滿足吾人對於哲學上之所要求。馴至實際上亦必使人茫然莫知所可。而永墮於迷離徜徉之中也。故實際主義哲學者於吾人欲知『自』之『實在』之要求。雖用此消極的否定的暗示以暗示吾人。吾人初不能爲之有所搖動。而仍必本其所要發明之『何爲自』『自何在』之疑問。以求一圓滿之解答。

或起而爲之辯護云。實際主義者固嘗云發生自治之需求者。卽在乎各各之『自』。使實際上求爲自治者。皆從其需要發生之所在而獲知其所云之『自』。其解答者不旣圓滿乎。然不爲畫定一刻板之意義者。蓋因實際上依之發生自治要求之各各之『自』。其性質分量亦各各不同。故假如吾人類被主治於非人類（若稱天而治之天神）。吾人因之求解脫『非人類之主治權』。施行『人類自治』之時。則所云『自』者卽人類是也。又假如一民族被主治於另一民族。此一民族因之求解脫『另一民族之主治權』。施行『民族自治』之時。則所云『自』者卽『此一民族』是也。又假如一國家被主治於另一國家。此國家因之求解脫『另一國家之主治權』。施行『國家自治』之時。則所云『自』者卽『此一國家』是也。又假如平民階級中大多數人被主治於皇帝貴族官僚軍閥等輩。此平民階級中大多數人、因之求解脫「皇帝貴族官僚軍閥等輩之主治權」施行「平民自治」之時。則所云「自」者「平民」是也。又假如各地方被主治於中央政府。此各地方因之求解脫「中央政府之一部分主治權」施行「地方自治」之時。則所云「自」者即「各地方」是也。又假如多數勞働者。被主治於少數資本家。此多數勞働者因之求解脫「資本家之主治權」施行「勞働者自治」之時。則所云「自」者即「多數之勞働者」是也。又假如人羣被主治於國法。人羣因之求解脫「國法之主治權」施行「人羣自治」。則所云「自」者即「人羣」是也。又假如各個人被主治於全羣眾。(即社會)各個人因之求解脫「羣眾之主治權」。施行「各個人自治」則所云「自」者即「各個人」是也。隨各個時代各種環境之下所發生之特殊事實而列舉之。依之發生自治需求之各各不同之「自」。殆不能更僕以數之也。就今世所發生之自治要求自治運動以觀之。則民族自治、國家自治、平民自治、地方自治、勞働自治、人羣自治。皆其較有意思者也。若人類自治、個人自治、別無何重大意思。故自治之所云自是何。或是民族、或是國家、或是平民、或是地方、或是勞工、或是人羣而已。自治之所云自何在。或在民族、或在國家、或在平民、或在地方、或在勞農、或在人羣而已。所解答者、不既燦然明白矣。隨要求自治實行自治者。依其所處不同之情境。當各得其自與非自之辨別。又安有自與非自先不能辨。致自治與非自治亦不能辨之患哉。然從根本上發生「何謂自」「自何在」之疑問者。雖聞此詳晰之解說。仍等於隔靴搔癢。初未能使其疑冰之融釋。且益多「騰疑起難」之端耳。夫使隨着各個時勢各種情境下依以發生各種自治意思之特殊事實。卽謂之自。而於其中絕無一貫通範持、變而不渝在而不居之眞實性。則此亦一所謂自。彼亦一所謂自。此亦一所謂自治。彼亦一所謂自治。反之則此亦一所謂非自。彼亦一所謂非自。此亦一所謂非自治。彼一亦所謂非自治。使或此或彼之所謂自與非自自治與非自治者。聚論一堂。各然其所然。而互否其所否。不益足騰「自與非自無由辨。自治與非自治亦無由辨」之疑而起「實際上亦使人莫知其所可。而永墮在迷離徜徉中」之難乎。且人類但是自之同類而非自也。民族但是自之同族而非自也。國家但是自之國家而非自也。平民勞働人羣。但是自之朋儕而非自也。地方但是自之居處而非自也。以依於自故有自類自族自儕自國自地而不得舉是等等以冒充爲自也。則何謂自乎。自何在乎。不尤急須辨個端的求個着落哉。

自類非自也。自族非自也。自業非自也。自居非自也。捨之離之俱非自也。捨離到不能捨離乃存個身。此個身其眞「自」乎。「自」其唯此個身乎。身卽自也。自卽身也。身在自在。自在身在。然雖僅此個身。亦終未能得達乎「自體」之中堅也。故亦祇可謂之「自」之「身」。而仍不得冒充之爲「自」也。何者。以茲個身但爲連續和集所成之一個假形狀。分析之則爲若干之物質（金鐳炭養等）若干之物力（熱動光電等）若干之生機（臟腑腦筋等）。生元（血胞精子等）。而體非一實。故體非一實。則不眞常。不眞常者。則非本有。非本有者則不永存。故此一形之生長。一命之存在。乃由「假借四大」「組織五蘊」之所幻成。乍經幻成。便漸趨於分離解散。既分離解散。此身卽無。未假借組織。本無此身。故此身乃「自」昧乎「自」。妄爲假借四大組織五蘊而有。雖可是「自之身」。而決非卽是「自」。「自」必「自在」。無待假借組織。不可分離解散。

此身旣從假借組織而起。復由分離解散而滅。故「身決定」「非自」自家卽自也。自國卽自也。自胞與卽自也。自環境卽自也。攝之取之莫非自也。攝取到無可攝取。乃成宇宙。此宇宙其眞「自」乎。「自」其唯此宇宙乎。宇宙卽自也。自卽宇宙也。宇宙在自在。自在宇宙在。然雖極此宇宙。亦終未能得達乎「自量」之邊底。故亦祇可謂之「自」之「宇宙」。仍不得冒充之爲「自」也。何者。以茲宇宙但是隔別對礙之一圈虛分位。解剖之則爲天空羣星地面庶物六合內外十世古今。而量非妙圓。故量非妙圓。則不融遍。不融遍者。則非明通。非明通者。則不含具。故此十方之施設。三際之安立。乃由「計度意識」「分別法塵」之所浮現。乍經浮現。己卽歸於止息空亡。旣止息空亡。宇宙卽無。未計度分別本無宇宙。故宇宙乃「自」昧乎「自」。妄起計度意識分別法塵而有。雖可是「自之宇宙」。而決非卽是「自」。「自」必「自如」。不落計度分別。無能止息空亡。宇宙旣由計度分別而出。復從止息空亡而沒。故宇宙決定「非自」

無待而自在之謂自。不落而自如之謂自。聞其「義」也。然未獲證明其「實」也。

何者是『自』『自』究何在。問之者非徒欲知其『義』也。欲現證其『實』也。推之則窮極宇宙都非自也。反之僅存個身亦非自也。然則何者是『自』乎。『自』究何在乎。不益令人疑極疑絕而又不能不疑疑不能已乎。

云何為自。自何在。願閱者俱掩卷試參究之。若能覿面相見。則太虛千里不隔一線。如或未然。且待續布。

唐代禪宗與現代思潮

緒論

禪宗不始於唐代。亦不終於唐代。今不曰支那禪宗而曰唐代禪宗何耶。曰唐之一字。卽所以標舉支那禪宗。而示別上非印度下非朝鮮日本者也。顧於支那必又示別之曰唐代者。則因李唐以前。纔有一個二個之禪師。於佛教猶未呈現何種之功効。於世道人心亦尚無何影響。故未足以云禪宗也。經五代而入於宋。佛教殆為禪宗獨占。禪宗既擴成無等之大。於是浸假收容教律淨密而調和混合之。宋元明以降。更吸攬儒家道家而融貫之。漸失其本來純粹之眞。獨唐代之禪宗。形神初完。淳樸未漓。故言禪宗必言唐代之禪宗也。今不從禪宗以言禪宗。而以現代思潮之。對映乎唐代禪宗者以言之。非徒應用現代思潮以發明唐代禪宗。反之亦應用唐代禪宗以發明現代思潮也。茲請本斯意分述於下。

(1)宗門與學術思潮

此所云『宗門』者。非一支之宗派一家之門庭之謂也。乃楞伽經中所說「佛語心爲宗」之「宗」、「無門爲法門」之「門」也。他處亦謂之禪宗佛心宗心印宗教外別傳心地法門等等。要皆隨分設名。而舉不足以强名此無名可名之宗通法門也。夫既一切胥無正名。則今亦不妨姑隨順世間流布語以爲之名曰『宗門』而取現代之學術思潮以徵擬之。

(甲)反信教的學術精神

(一)反信教的精神

夫所以樹宗教之威權而繫人心之信仰者。要不外乎隆重其一教之教主經典戒律形儀。視爲絕對不可侵犯之神聖。而必應恭敬遵從奉行者是也。據是以觀佛教之宗門。則適成其反[illegible]。試分述之。

(子)教主

世之宗教。無不由開創之人。在人界之上。提出一個或多個天神。以爲彼一教之徒所尊奉之教主。藉不然。亦必以教主尊奉創教之人。隆禮無匹。而佛教卽在最初小乘之近事徒衆求寂徒衆破惡徒衆。亦已廓淸此種神聖之尊奉。不唯不尊奉人界之上任何之天神等類以爲教主。且釋迦牟尼嘗與近事等徒衆極言不應禮拜奉事諸天鬼神。唯當自修福慧。以求出要。則胥一切宗教之迷信。已皆在反對中矣。而近事等徒衆之視釋迦牟尼。亦因從之修學。奉爲先覺之師耳。所云佛陀亦唯「覺者」之義。絕不含「神聖尊上」意思。迨釋迦牟尼示寂之後。大小乘經律既行編集流布。依釋迦牟尼人世幻化之迹。探證其圓滿成就眞實之本。遂頗由先覺大師。而兼救世恩主之義。塔像之飾。崇既嚴。教主之尊奉粗備。然經中亦早有依法不依人之說。以爲開脫。降至於宗門。則又反溯未有牟尼未有佛陀之前。徹底掀翻。和盤拆卸。如何是佛。曰乾屎橛。拈一莖草作丈六金身用。拈丈六金身作一莖草用。丹霞既燒木佛。百丈亦不立佛殿。雲門復曰、老僧當時若見。一棒打殺與狗子吃。貴圖天下太平。而又恐愚人於教主之迷信纔去。宗祖之迷信早來。德山等乃并佛與祖同時呵罵之。後復有老僧欲喚祖師出來洗脚。直使三世諸佛歷代諸祖滾滾漉漉地更無處立足。在言者固屬談火不燒舌頭。而學人依倚名相所生取著之情信教意念亦大有樹倒藤枯猢猻散之概。此其反破於信教之精神者為何如歟。

(丑)經典

釋迦既自云吾四十九年未說一字。盡將其塵說剎說熾然說者。一語勾消。而靈山會上復逗迦葉合唱拈花微笑之劇。逮乎達磨面壁默坐久之。云直指人心見性成佛教外別傳不由文字。三藏十二部經典與諸論箸疏記戒律條規以言說文字稱者。不幾已等乎揚灰長風飛空絕影耶。而又恐癡人顛倒迷亂誹謗經論而反執著宗祖之言語也。乃極禁學人之記錄其語。後復有人以三藏經教諸祖言語同遮撥爲拭膿瘡之爛紙者。直令人人胸頭不掛留佛敎祖典一個字脚。倒轉頭來却又任何麤言俗語艷曲淫詞訕笑怒駡莫非第一義諦者。此其反破於信敎之精神者又爲何如歟。

(寅)戒律

釋迦牟尼之初化人世。隨機說法。聞者依以思修。未嘗有何種禁條定律以拘束身心者。而大衆亦各各自成其和悅淸淨儀則。久之始漸因徒衆中間有愚癡煩惱深重者。偶有違行。爲佛呵禁。由是續續因事制宜。戒條浸見繁密。其後乃錄爲條文幷記其制立之事緣。成爲律藏。以極尊之儀軌受之。復須以極嚴之規範守之。而大乘亦有梵網之心地品瓔珞之本行品等。廣陳戒相。然大乘之戒律行儀實唯自性中所宣發之德行而已。一一以覺心爲本。以智爲導。持之於深微之動機。故曰心地本行。其著乎外表者。亦暫以小乘在家出家七種徒衆之律儀爲依止。在形迹名相。初無何種定執。推演至於宗門。最初跋陀婆羅旣先爲律衆所不容而走依惠遠。達磨菩提之在少室。或且譏爲壁觀婆羅門。慧可時出入淫坊酒肆調心。尤不理於道宜諸律師。雖至唐宋之後。宗門之人猶大都爲律家視爲麤行沙門。故道一遂顯然脫離律居。創爲叢林。自行宗化。懷海從之卓立其農禪之風規。一改向來乞士遺制。由唐迄宋數百年。宗門之徒汲汲以毀律寺成叢林爲能事。往往可攷律寺梵語毘㮈耶處。直譯云調伏處。是顯然有部勒禁抑之義者。若夫衆草曰叢。衆木曰林。則不過是行道修德所團聚之羣衆而已。其饒有自由平等之風尚可知矣。此其反破於信敎之精神者又爲何如歟。

（卯）形儀

塔像衣鉢等形制儀狀。皆濫觴佛世。而漸備於初五百年之小乘化。由龍猛之後。密宗勃興。形像紛陳。儀軌繁設。形儀爛然矣。漢明夢金人之至。摩竺齎經像而來。形制儀狀。浸盛於姚秦蕭梁之代。出家者不稱俗姓。同爲釋子。道安之後。既皆遵依經律。而一鉢三衣。居不離身。本爲苾芻常式。要亦出家者之所共然。而宗門之化亦即萌發滋長。其間達磨寶誌傅玄慧可寒山拾得豐干布袋等僧俗。既皆傀異奇特。迥不猶人。而盧行者馬祖鄧隱峰輩諸宗祖。亦往往以俗姓著稱。空室據座略仿淨名之示化。頂笠腰包。擬同善財之參訪。南泉斬貓。歸宗斷蛇。大用現前。不存軌則。或弄船江上。或鳴錫雲端。或吊影崖島。或混迹市廛。或拈棒行喝。或張弓舞叉。學女人而戲拜。擇肥肉而大嚼。昔舍利弗以耕治田園種穀植樹爲下口邪命食。而唐代宗門諸德。則大多刀耕火種。自食其力。夫尙何形制儀狀之可能拘束哉。所貴者蓋唯在乎稱性發舒之德行耳。此其反破於信教之精神者又爲何如歟。

(二)學術的精神

(子)科學的

科學的精神。其要唯在乎實驗之發見。在論理上則歸納之判斷是也。而系統之組織與精密之分劃。猶其形式上之餘事耳。宗門既撥除一切經論教義。則其勢自專趨乎實驗。且尤貴從見聞色聲上隨緣薦入。深戒默照冥想爲墮在黑山鬼窟。其最富科學之精神而爲科學家所望塵莫及者。則須各人自己從實驗上發見到徹盡中邊的時節。歸納出一個「天下老鴉一般黑。」若在他人則仍不得援用其語以爲推演之依據。若非也從自己實驗得個一般的出來。絕端的不能妄許。故其歸納之判斷雖卓然不無。卻又能恒保此科學之精神。而不墮入科學之形式。致由實驗歸納重走入推理演繹之迷路。此誠現代科學所由發達之源也。

（丑）哲學的

哲學的精神。其要唯在乎「現實之懷疑」與本體之究證。若夫說明現實爲如何若何及構畫本體爲如何若何。則轉爲植荆棘於修途。挺榛莽於坦道。對於現實懷疑之發軔。則自必取世間流布之學說一一審查而批評之。一一不能得滿足憑信而現象紛彌實用昭著。又不容掩而沒之。則進而窮究其本體。自必迫不得已。卒之雖忽然得其證會。自心了了。欲安立名言以爲表宣其事。終類吹網以求氣滿。勢不可集。反之則謦欬掉臂揚眉瞬目。水流山峙。鳥飛獸走。亦復無不整個活躍。此時還觀昔所非撥之學說。又孰非顆顆皆圓妙無住之瀉地水銀。可拈來自由隨意施用者哉。世之治哲學者於現實尚未能有徹底之懷疑以豁破一切俗網。而急於爲種種之構想假說。故皆不能眞個有所成就。而唯宗門乃爲眞個完成哲學之能事耳。

(寅)藝術的

庖丁之解牛。丈人之承蜩。皆所謂進乎技者。而在佛法中則有得種種善巧種種解脫種種三昧之說。世人應用之。遂有文字三昧詩三昧書畫三昧等言。昔蘇軾深味禪悅。嘗喩之以寫字。必墨忘乎紙。紙忘乎筆。筆忘乎手。手忘乎身。身忘乎心。而於字始臻神化巧妙之禪境。今從唐代宗門諸老古錐觀之。不唯其自己胸襟中所流出。偶然留布人間之一言半語。皆有靈珠寶玉光彩內含之美。所製作諸篇章詩歌。亦特著神氣活現之妙。在世間一切文字外另成一種如出水芙蕖如舞空龍鳳之活語句。藝術的文學。於是歎爲觀止。此於文學既然。放觀其一顰一笑一動一止一進一退一語一默一問一答一投一接一棒一喝一迴一互一鑁一鋤一扭一掌一茶一飯一花一草一吹毛一豎指一垂足一擎拳之間。無不有收放殺活之勢。用跌蕩飛動之興趣。其箭鋒相柱之機。啐啄同時之巧。擊石火莫能喩。閃電光莫能比。卽聚自然之妙以獻身宙宙大舞臺。亦安得有如是之驚人奇藝哉。

(卯)道術的

昔宋之大儒見唐代宗門先德之道影。矍然驚曰。若非者個。定然作介渠魁。夫古書謂予有三千人惟一心。是以得王。紂有億萬人億萬心。是以失國。而達磨之在嵩嶽。亦面壁坐耳。神光輩亦何所希冀。久歷年所。呵斥不退。終且立雪以俟。斷臂以求。此其中究有何故存耶。而至唐代諸德。把茆孤峯。拒人千里。學者益瞻風而拜。望影而歸。所到輒成叢席。棒打不退。水潑不散。毒罵不怨。玩弄不恨。竟於世間一切骨肉恩愛。昏宦歡樂。皆棄之如遺矢。而初未嘗以言說誘之。聲色銜之。名位縶之。爵祿縻之。法令禁之。刑賞威之。此其中究有何故存耶。且嘗夷考其實。所謂以心傳心。心心相印者。卒不過曰汝既如是。吾亦如是。而絕無一點龜毛兎角之法。以爲拈付。雖然。此所謂汝如是。吾如是者。必在當人自薦得之。自未薦得。必莫知其所然。一旦薦得。亦曰得心之所同然而已。寧有他物哉。得心之所同然。則佛祖聖賢天人物我飛潛動植中外古今之心皆惟一。而恒沙界外一滴之雨。一星之火。莫不依歸乎一心。如鐵屑之向於磁。如赤子之投於母。故自然刀斫不入斧劈不開。而何有乎三千人一心之王哉。故雖平易近人。僅令人自得其心之與佛與衆生。所同然者。自肯自信。別無何種奇妙玄奧之義。而其道術自天下莫與比隆也。

(乙)反玄學的實用精神

印度之婆羅門教。既包孕世間一切教宗學術之質素。引伸推演。發揚滋長。進而至於因明論數論勝論諸派。建想高深。立思幽奧。早爲大地諸玄學者冠。牟尼出世。順應以大小乘諸部之阿毘達磨經說。厥後大小乘諸論師更剝繭抽絲相似。而成爲毘婆沙論俱舍論成實論瑜伽師地論中觀論成唯識論諸論。來支那於魏晉六朝之代。又和之以老列莊易等清談之說。大含太空細入微塵。蓋不唯探之冥冥索之茫茫。出乎天天。入乎人人。而直探乎空空。索乎有有。出之神神。入之化化矣。得旨者固將益妙其用。而失意者比比漫羨興歎。莫知所歸。逮達磨既以不立文字教外傳心。倡至唐代六祖惠能更以目不識丁之人。以單簡渾樸麤俗質直之語。颺落玄學之士。使皆舌撟卷而莫之放。迨後馬祖石頭而下。不唯說法談理。貴專對當前特殊情形機會。用俗語白話。單言直指。務求實際應用之適當。而洗空一切言論學理之形式。且推此實用精神而見之行爲。故不適於支那唐代之傳來乞士律儀。亦逕推翻之而自建農禪之禪林也。昔一僧見趙州從諗禪師。曰闍黎玄乎。曰玄之久矣。曰闍黎若不遇老僧。幾乎玄殺。德山於燭光滅處既得見龍潭之大用。遽取其所著金剛經青龍疏鈔投之火。曰窮諸玄辨。如一滴投於大海。竭世樞機。若一毫擬於太虛。而其平實爲人。唯在乎饑來喫飯困來眠而已。烏乎此眞實際主義之宗極。而何取乎近世傑姆士輩囂囂然塗世人之目、亂世人之耳之口頭的實際主義哉。

(丙)反理論的直覺精神

宗門之悟入方法。絕對廢除理論。專用直覺爲接機之化。固稍覽禪錄者無不知之矣。而新近法蘭西人柏格森。乃亦以直覺方法之哲學倡。按諸其實。彼蓋於意想中徒有所謂「直覺」之一心像。而初未能親得一度直覺之體驗。故雖能舉其名而莫能證其實。且於己既未嘗有所親得。則自不能施用諸人。而唐代宗門諸祖。則眞能由直覺之門以開悟人者也。無位眞人。放光動地於六根門頭。無相法身。迥脫獨露於萬象光中。揚眉瞬目。擎拳豎拂。一喝三日耳聾。一棒通身骨露。施之者唯欲親切了當。求之者不管喪身失命。虛空粉碎於句前。大地平沉於掌下。徹之者誠不自知其手之舞之足之蹈之者之爲何物。而其理亦微露乎尼總揚對達磨曰。吾如慶喜之見阿閦佛國。一見不再。唐代禪師復有見色聞聲。祇可一度之語。而輓近人以野遊興感。舉物圖形著稱直觀主義教育。而不悟秋毫一差。白雲萬里。徒仿其形似之迹。其實在精神。早牿亡無存矣。劍去云久。猶刻舟以求之。兎逝云遠。猶守株以待之。誠有一兎橫身當古路。蒼鷹一見便生擒。與後來獵犬無靈性。猶向橫椿舊處尋之較也。

(丁)反因襲的創化精神

嘗放觀西東古近一切教宗學派。當其發達之時。莫不有一種蓬蓬勃勃奮興前進之精神。長驅邁往。而不相因循襲守。所云創造的進化的精神是也。然此創造的進化的精神乃無有能及唐代之宗門者。約略言之。

(一)機敎之創化精神

因機感而施敎育有因一個人一個人之特性者。有因一時代一方俗之殊宜者。其因一個人一個人者不得而論。以論其因一時一方殊宜則設化之時代既易而施行之方法隨變。黃梅曹溪不因襲乎達磨慧可諸師而希遷道一尤逈然不因襲前人。百丈潙山諸祖亦然。至五宗七派之門庭角立。後代欲爭稱爲某宗某派之嫡骨兒孫。斷斷乎從其曲爲當時之門庭施設以分辯其宗旨之所存而執守之。此宗門之機敎的創化精神。乃牿亡無存。至明代且大貽笑於俗漢若黃宗羲輩。至今則錄臨濟曹洞源流爲第幾世第幾世以禪宗自居者。無非掠取野狐涎抹向自家口邊。與禪者相濡以沫而鮮有絕顏知恥者矣。

(二)傳承之創化精神

宗門常言此事必智過於師乃可傳授。沒量之漢乃能承當。蓋葛籐一代增加一代。而機智一代複雜一代。蓋非過量智人則鮮能不絆倒前人的葛籐堆裏得一一透過自造鑪錘。以享毒消息乎繁然雜出之機智。殺之活之殺活自由者。晚宋來祇能利用一板定格式的死話頭烹煉學者。絕少出奇制勝之術。雖由學者機智之劣。抑亦無有能開創進化之過量智人以傳承祖位。故墨守繩規。愈趨愈下。一代不如一代。降至近今宗風掃地之狀也。

(三)道場之創化精神

達磨以至曹溪皆所至由自己創造一道場。各成一方之化。無有守承師之寺院者。師亦無有以寺院傳付責令守成者。至於青原南嶽石頭馬祖百丈溈仰南泉趙州黃蘗臨濟等等。尙掩耳不欲聞一言一句之傳授。唯以從自己胸襟流出爲貴。況肯受寺院產業以爲之守哉。深山廣野所至。學者從之。卽成叢席。故無往非創化之道場。而後世顧拘拘唯以傳付一寺院之方丈位爲傳法。甚至有以法卷爲憑而涉訟爭寺產爭方丈者。師師徒徒。習焉相忘。眞不知其臉皮之多厚也。

(戊)全體融美的精神

人生心行。往往難得中正。執空理者守枯寂。著實事者滯麤劣。此皆有蔽其全。故著其偏。有味其體故礙乎用者也。近之士君子之所優美。遠之佛菩薩之所圓融。雖意言上未嘗無此稱頌弗衰之一境。若今德意志人歐根（或譯倭鏗）所倡理想主義之重行爲、尙活動、超自然、越思考、的精神生活。而按之現實之際。則除宗門禪師之由大死而成大活者。此所謂全體融美之精神。亦終爲意言中之一理想之境而已。古德云。三十年前山不是山。水不是水。三十年後山還是山。水還是水。蓋至是自然生活。乃泯合精神生活。人境俱奪。人境俱不奪。不相掩而相徧。山河木石。全露達磨之身。鱗甲羽毛。俱彰禪那之體。擎地覆天。不離日用。搬柴運水。總顯神通。虎嘯龍吟。獅行象步。咳唾掉臂。皆大人之相好。嬉笑怒罵。亦丈夫之調御。空谷寒巖活潑潑水流花放。名場利市冷湫湫潭淨月明。無心於萬物萬物常圍繞鐵牛不怕獅子吼、木人起舞鷩花鳥。撲落非他物。縱橫不是塵。山河及大地。全露法王身。娬媚哉、此全體融美之精神化。微妙哉、此全體融美之精神化。融融洩洩。美美滿滿。

（己）自性尊圓的精神

最近英吉利哲人羅素爾之哲學。世人稱之曰絕對的個性主義。一方面是絕對個一的實體。一方面是絕對普徧的理性。蓋略同一室千燈之喩。光光互徧全室。燈燈各住自位。然猶是意擬之假設。而未達親現之證量。余往者嘗說儒書「中和」之義、曰。中者萬有各極其性體而獨超對象。故為宇宙之大本。和者萬有交與乎業情而互應成化。故為宇宙之達道。其說未嘗不彷彿羅素爾之絕對的個性主義。然親切多矣。而猶未入自覺證智之宗通法門。唯有唐代宗門諸德。砉然得通體悟入於空劫前湛湛不動之己靈。住第一尊貴之位。獨立孤峯。高視霄漢。直令三世諸佛歷代諸祖莫不屏息退居下風。而同時復不尊佛祖。不重己靈。不是佛。不是心。不是物。與牆壁瓦礫渾通為一。圓徧純徹。無內無外。般若淸淨。故無二無二分。建一心為宗。煥萬法如鏡。自在自在。平等平等。於戲噫嘻。吾無以稱之。稱之曰自性尊圓的精神。如有沒智量漢欲得而實現之。盍其從事乎此。

（2）禪林與社會思潮

此所云「禪林」者。謂禪宗之叢林也。叢林本借以譬喩之名。亦指其依處之辭。衆草衆木生長繁榮之處曰叢林三草二木從本元心地受佛法化雨之潤而成其生長繁榮之妙。故喩之以叢林。抑是清淨和合如實修行之僧。亦大都依止叢山林泉之閒靜處而住。換言之。「叢林」者卽「社會」之別名。禪林則以禪宗之精神而創化爲最高尙最清淨最優美最和悅之社會者也。往者格以域中帝王儒法之禮制。故目之爲方外。目之爲化外。而不知乃人生最眞最善最美最適之羣誼也。及今界封破而世變亟。帝制軍國君憲富閥之暴惡。不復容其掩諱飾藏。遂漸失其固存之勢。而種種欲徹底以改造變化乎社會之新思潮。乃掀天揭地而來。舉一世人瞬眙駘蕩。莫知奚屆。吾因得取唐代的「禪宗叢林」之化。以獻乎社會思潮之海。用以爲社會思潮不可踰越之最大軌持。與不可超上之最高標準。亦用以爲過之者獲其清寧之紀。不及之者祛其恐怖之情也。世有狂熱乎新社會思潮而火馳者乎。世有怯弱乎新社會思潮而愁歎者乎。盍稍稍回向其心而一覽吾說哉。

(甲)虛無主義的精神

虛無主義的內容。非常複雜。考其源委。近代有歐俄的虛無主義。古代有中國老莊的虛無主義。有印度外道的無因果無罪福的虛無主義。乃佛教小大乘的一切法。但假名一切法畢竟空的虛無主義法門。按其原理。有依據唯物論的有依據自然論的。有依據唯心論的。有依據眞實論的。課其目的。有欲撥反人類自然生活。而洗除一切由人羣積集所起之教法政制者。有欲反之無方體無形物之精神。而洗除一切組織所現之宇宙質象者。有欲用畢竟空寂畢竟平等的法門以盡空一切和合的連續的對待的虛妄心境而究竟顯實者。論其方法。有但用意言否撥（若老莊及印度外道）或兼用身力摧除（若無專制的立憲黨摧除專制無君主的共和黨摧除君主無強權無私產的無政府無國家黨摧除強權私產乃至若歐俄之虛無黨實欲破壞宇宙一切組織）者。有用教理觀行以盡空一切虛妄心境者。（三論宗）有直證虛無所顯的究竟眞實而否認一切虛妄心境爲本來虛無者。現代的虛無主義思潮。則除佛法（卽三論宗禪宗）之外。其餘的虛無主義蓋靡不含孕者。今覈之唐代禪林。其自宗之佛法可不論。論其與現代虛無主義的精神相呼應者。原佛法小乘七衆之戒律以至大乘戒律。雖層次升進而極高明博厚悠久廣大精微之量。而其初實以聖王依仁義禮智信所起刑賞勸懲之法以爲柢。故昔人謂五戒之行。足以翊王化而致太平。蓋非虛言矣。而唐代禪者自放曠乎水邊林下。不依律居。或復奇狀異儀。同塵混俗。不知有世。不知有人。不知有家。不知有物。不知有政。不知有教。不知有王。不知有佛。乃眞能洗除乎老子所云失道而後所起之德之仁之義之禮智忠信慈孝等等。而聖王死。而盜賊止。而剖斗折衡而民息其爭者也。又若某禪宿獨隱深山。不知若干百年。偶爲某禪師尋見辨勘既過。乃曰。莫把是非來辨我。浮生穿鑿不相干。即焚茅他逝。更無踪迹。又若坐脫立亡。棄身如屣。是乃眞能破壞宇宙五蘊之自然組織而不爲所縛者。夫返乎自然之道。則與鹿豕同游木石同居。無復靈長性貴之人類存在。而五蘊法之自然組織既經解除。亦無復宇宙之方體時分之宇宙存在。嗚呼。是雖未達佛法之眞際。而纔爲其附現之旁効。然人類與宇宙則已根本取銷矣。是眞人類的宇宙的大革命大解放。而現代的虛無主義。則以未知禪宗方法。故但益無明妄動之擾亂。而終未得眞正之解放焉。

(乙)無政府主義的精神

無政府者。謂無强權也。而强權實依「國」或「家」的私產而起。爲保「國」與「家」的私產（私產之義甚廣若所謂國化及家傳等等亦屬私產）而存。故根本上卽不容有「國」與「家」的兩種私產之存在。然於人既有各個的及社會的之不同主張。於產亦有屬個人主義之分產的。獨產的。及屬社會主義之共產的集產的之不同主張。然以社會主義爲正。而猶以社會共產主義爲無政府主義正宗。而無强權的社會共產主義。卽世人各各自由以盡其所能。與世人各各自由以取其所需也。無政府黨人雖能有此懷想。而其實尚無做到之正當方法。蓋此非有超「我我所有」之眞道德精神。而欲利用多數人之貪慾嫉妒仇恨。抵抗殘殺破壞之心理行動以達到之。則終徒益其煩擾而已。而在唐代被禪宗之風化者。多習杜多之苦行。其已完全脫離乎「家」與「國」之私產關係及一切强權關係審矣。然近於個人主義。而復絕無分產獨產之關係。乃進而爲「無產主義」者也。而在百丈未立清規前所成之禪宗叢林。各從禪宗中成就其自性道德。以共同食息爲钁頭邊生活。此眞無政府共產主義的精神之淵源之根本歟。

（丙）布爾塞維克主義的精神

布爾塞維克是何譯義我尚未知以意揣之其馬克司之「國家的社會集產主義」而又特重「勞工神聖主義」者乎標以「國家的」者明其不廢除「國的產私」而仍容有國家之存在幷建設一勞工握權之政府以爲之維持者也標以「集產的」者明其僅廢除「家的私產」妻子及財產等而尙容各個人以其勞力所換得之代價可依其現身爲限而保其私有者也然此約略言之亦未見其眞能完全實行也一者以「國」亦一羣人共同之私產既許此「大私產」之存在殆難免有人更起一家一家「小私產」存在之希望一也既許各個人勞力所獲現身保其私有則以能力不同之故而積其所獲私有之財物亦可漸成貧富之階差二也既有交合生育則自然而有特殊之親密感情在富積個人之私財者亦自然有攝受其有特殊親密關係之人以隱然成無形之家族家產三也故此實始終必須由主張者非集用其絕對強權外以維持國產內以壓散家族家產之發生成立不可故今俄之勞農政府實爲強權專制之尤復日在擾亂

的長期試驗中而未有成功其共「同安樂」之望也。然此固絕對的不能實現者乎。答曰。是亦不然。若固能先養成人人高尚清淨和悅優美儉樸眞誠之道德精神。由此道德精神以相感相應而成爲社會。斯可行可成也。予於數月以前嘗著有人工與佛學的新僧化一篇。有分劃規定的土地區域。故非絕對的廢除「國的私產」。在區內者共同勞作亦共同享受。故即共產而亦許其於衣具等項所用。餘者爲各自之保存。至死時則歸入常住。以爲由常住料理其後事之代價。故亦兼集產主義焉。唐代百丈禪師所實行之禪宗叢林清規。（今藏費中之百丈清規本仍百丈之舊名耳實則皆宋元明清人所逐漸增刪改制而原意之所存僅百分之二三耳）卽富有此在佔領區域內共同勞働生活的精神者也。此其所以能行能成之意義。安在乎。蓋專以無限的眞如道德精神爲目的。其目的不在於此勞働生活的衣食住。但用此勞働生活的衣食住爲幫助達到其最高目的之一渡具。目的既不在此。故能於此但求作受能可而止。而不奢不爭也。此其一。無交合生育之事。則無特殊親愛關係之人。以之亦無於內部分裂而發生成立家族家產之處。此其二。其內絕無一點侈靡奢華淫佚榮耀威權富麗等之可欲之事。惟是單簡勤儉樸陋恬淡之風味。來者不拒。同斯安之。故亦不致有外來侵奪之憂。而須用強力防固也。茲撮錄宋學士楊億述百丈古清規序寥寥數語於下。以略見其梗概。

百丈師曰。吾所制非局大小乘。非異大小乘。當博約折中。設於制範。務其宜也。於是創意別立禪居。凡具道眼有可尊之德。號曰長老。如西域道高臘長呼須菩提等之謂也。即爲化主。處於方丈。同淨名之室。非私寢之室也。不立佛殿。唯樹法堂者。表佛祖親囑受當代爲尊也。所裒學衆。無多少。無高下。盡入僧堂。依夏次安排。設長連牀。施椸架。挂搭道具。臥必斜枕牀唇。右脇吉祥睡者。以其坐禪既久。略偃息而已。具四威儀也。除入室請益。任學者勤怠。或上或下。不拘常準。其闔院大衆朝參夕聚。長老上堂陞座。主事徒衆鴈立側聆。賓主問酬。激揚宗要者。示依法而住也。齋粥隨宜。一時均偏者(各取所需)。務於節儉。表法食雙運也。行普請法。上下均力也。(即共同隨力以勞動各盡所能)置十務。謂之寮舍。每用首領一人。管多人營事。令各司其局也。或有假號竊形。混於清衆。別致喧撓之事。即當維那檢舉。抽下本位掛搭。擯令出院者。貴安清衆也或彼有所犯。卽以柱杖杖之集衆燒衣鉢道具。遣從偏門出者。以示恥辱。使不汙清衆、不毀僧形、不擾公門、不泄外譏也。

觀此可想見所云六和清衆。乃爲最美最善的社會精神之實現。

（丁）德莫克拉西主義的精神

德莫克拉西一名。我亦不知當譯何義。以意揣之。廢除專制。可名立憲。廢除君主。可名共和。廢除貴族。可名平民。以民爲本。可名民本。由民理治。可名民治。是全體之民共同和合之行動。非一部分民之偏黨行動。可名全民衆民民衆主義要之說明凡國家社會種種事業皆是爲全體人民施設。故主張無論在官在民。凡有行爲。皆須以謀全體人民之利樂爲歸。而積極的從政治教育經濟宗教等種種方面以經營以造就全體人民之利樂是也。此其意則唐代至宋代之禪宗叢林皆極其充量發揮者也。茲摘錄宋慈覺大師賾公所述龜鏡文。可見大意

夫兩柱垂蔭。一華現瑞。自爾叢林之設。要之本爲衆僧。（點出民本民衆主義）是以開示衆僧。故有長老。表儀衆僧。故有首座。荷負衆僧。故有監院。調和衆僧。故有維那。供養衆

僧。故有典座。爲衆僧作務。故有値歲。爲衆僧出納。故有庫頭。爲衆僧典翰墨。故有書狀。爲衆僧守護聖教。故有藏主。爲衆僧迎待檀越。故有知客。爲衆僧請召。故有侍者。爲衆僧守護衣鉢。故有寮主。爲衆僧供侍湯藥。故有堂主。爲衆僧洗濯。故有浴主水頭。爲衆僧禦寒。故有炭頭爐頭。爲衆僧乞丐。故有街坊化主。爲衆僧執勞。故有園頭磨頭莊主。爲衆僧滌除。故有淨頭。爲衆僧給侍。故有淨人。所以修道提清目的之緣。十分備足。資身之具。百色現成。萬事無憂。一心爲道。提清主旨世間尊貴物外優閒。清淨無爲。衆僧爲最。迴念多人之力。寧不知恩報恩。所以分工互助之故晨參暮請。不舍寸陰。所以報長老也。尊卑有序。舉止安詳。所以報首座也。外遵法令。內守規繩。所以報監院也。六和共聚。水乳交融。所以報維那也。爲成道業。故提清目的應受此食。所以報典座也。安處僧房。護惜什物。所以報値歲也。常住國家之物。一毫無犯。所以報庫頭也。手不把筆。如救頭然。所以報書狀也。明窗淨案。古教照心。此四字爲看經妙法亦是敎觀同修所以報藏主也。韜光晦迹。不事追陪。所以報知客也。居必有常。請必先到。所以報侍者也。一瓶一鉢。處衆如山。所以報寮主也。寧心病苦。粥藥隨宜。所以報堂主也。輕徐靜默。不昧水因。所以報浴主水頭也。緘言拱手。退己讓人。所以報炭頭爐頭也。恃己德行。全缺應供。所以報街坊化主也。計功多少。量彼來處。所以報園頭磨頭莊主也。酌水運籌。知慚識愧。所以報淨頭也。寬而易從。簡而易事。所以報淨人也。是以叢林之下。道業維新。上上之機。一生取辦。中流之士。長養聖胎。至如未悟心源。時中亦不虛棄。（提清主旨）是眞僧寶。爲世福田。近爲末世之津梁。畢證二嚴（福德莊嚴　智慧莊嚴）之極果。若或叢林不治。法輪不轉。非長老所以爲衆也。三業不調。四儀不肅。非首座所以率衆也。容衆之量不寬。愛衆之心不厚。非監院所以荷衆也。修行者不安。敗羣者不去。非維那所以悅衆也。六味不精。三德不給。非典座所以奉衆也。寮舍不修。什物不備。非直歲所以安衆也。畜積常住。減克衆僧。非庫頭所以贍衆也。書狀不工。文字蔑裂。非書記所以飾衆也。几案不嚴。喧煩不息。非藏主所以待衆也。憎貧愛富。重俗輕僧。非知客所以贊衆也。禮貌不恭。尊卑失序。非侍者所以命衆也。打疊不勤。守護不謹。非寮主所以居衆也。不閑供侍。惱亂病人。非堂主所以恤衆也。湯水不足。寒煖失宜。非浴主水頭所以浣衆也。預備不前。衆人動念。非爐頭炭頭所以向衆也。臨財不公。宣力不盡。非街方化主所以供衆也。地有遺利。人無全功。非園頭磨頭莊主所以代衆也。以此故與唐代百丈時者稍異懶惰併除諸緣不具。非淨頭非以事衆也。禁之不止。命之不行。所淨人所以順衆也。如其衆僧輕師慢法。縱性恣情。非所以報長老也。坐臥參差。去就乖角。非所以報首座也。意輕王法。不顧叢林。不顧國家非所以報監院也。上下不和。鬭諍堅固。此中國今日之現象非所以報維那也。貪婪美膳。毀訾麤飡。非所以報典座也。居處受用。不思後人。非所以報直歲也。多貪利養。不恤常住。非所以報庫頭也。事持筆硯。馳騁文章。非所以報書狀也。慢易金文。看尋外典。非所以報藏主也。追陪俗士。交結貴人。非所以報知客也。遺忘召請。久坐衆僧。非所以報侍者也。以己方人。慢藏誨盜。非所以報寮主也。多嗔少喜。不順病緣。非所以報堂主也。桶杓作聲。用水無節。非所以報浴主水頭也。身利温燰。有妨衆人。非所以報爐頭炭頭也。不念修行。安然受供。非所以報街坊化主也。飽食終日。無所用心。非所以報園頭磨頭莊主也。涕唾牆壁。狠籍東司。非所以報淨頭也。專尚威儀。宿無善教。非所以報淨人也。蓋以旋風千匝。尚有不周。但

如舍短從長。互助互讓共辦出家之事。所冀獅子窟中盡成獅子。旃檀林下純是旃檀。令斯後五百年再覩靈山一會。(下略)

然按此所以行之能安穩。近世之德莫克拉西主義。終搶攘擾攪而莫能善其事者。則因彼以欲樂(或個人或社會皆然)爲唯一目的。而此則以道德爲根本精神也。欲樂所在。羣起爭競。如一犬嚙枯骨。衆犬望之。狺狺不已。此今世所以大亂茫茫不知何底也。然此以德爲治。較之百丈超然簡易之風。已有失道而後德之歎矣。

結論

禪宗自宋元明清隨支那全社會而遞代降落。亦因人多流雜。法密僞增。澆漓墜墮。及今通身紅爛。臥向荊棘林中。殆無復挽狂瀾於既倒之望。意者非宇內清寧。則此應「世間衆生」而施設之佛化。亦不得獨振其清寧之紀。乎則予之爲此。非徒以佛化理世變之紛糾。亦冀淑彼人世。還以淨茲佛化。余既以人工與佛學之新僧化。追攀百丈之高風。以適應將來傾向中的社會趨勢。復有精審詳密之德謨克拉西的整理僧伽制度論。亦凡以見吾志之不在徒發理論。須見之行事耳。覽吾說者。勿徒當一篇空言讀過則竊願焉。

論佛法普及當設平易近人情之方便

予讀海潮音十一二期王實居士函所云『如煩惱障。實以爲有生來之要求。所不易禁者。若必抑之則愈見其熾。愈增煩惱。以其事實論之。恐生死之大事。不能易其生來之要求心耳。雖有能者。奈多數人何。此當現在固不能不改張者也。然則此煩惱者何。卽欲飲食男女之大欲。必善處置。方能易去。不若名利等無追討之來。較爲易去。實有生理上關係。固不能虛爲禁制。而使之時生反應以立異也。然不堅持而有愧心。則又將影響於進修。此實所主兼足正當愛情正當生活而可持永久可以普及之方便而用之以去煩惱障也』此其所論雖未臻圓滿。要亦確有所見之言且頗合優婆塞戒經之旨也。

人生欲飲食男女之大欲。有生理上之關係。不能虛爲禁制。使時生反應以立異。卓然至理名言。昔彭二林居士跋袁枚之新齊諧云。袁枚徒以『甘食悅色』之故。惡佛之禁戒。所之戾已。射影吠聲。誣天謗聖。甘爲一闡提而弗恤。豈不哀哉。夫袁枚猶其劣焉者也。近人若梁漱溟者。服膺佛法。食素不娶。且十年。比年假遵時救羣之說自文飾。反佛從儒。實亦不勝其婚宦情欲之衝動所生反應。以立其異耳。夫梁漱溟猶其未精者也。又若李政綱者。非清季來士夫中學佛之矯矯者哉。比年乃倡說佛之實諦與儒同。而其權迹則廢事逃禪。悖倫苟安。不若儒迹之與人情同好惡。遂亦反佛歸儒。知其隱者。仍不外爲婚宦之情欲所衝逼。乃出而立其異耳。噫、吾見今之士女其進德猛者。每輒受持佛之戒行。未幾時則復爲此飲食男女之情欲所勝而退墮矣。悲夫。

雖然。此猶其居家處俗而未入僧數者耳。其不由本願出家爲僧者且不論。以論其確由本人自志出家者。吾所知今僧之出家因緣。多有本人在弱冠時慕僧之清淨。父母强令婚娶。臨娶逃之出家者。亦有勉强婚娶不久仍逃出家者。其茹素行苦之精篤。遠離女色之嚴謹。眞可令人肅然敬之者。不圖八年十年竟有邪婬食肉居僧伽藍遍犯僧戒而恬不知愧者。前數年有陳某偶檢岐昌和尚慨歎之言。謂寺僧之住持者。十有八九犯邪婬。載在新佛教月刊。圓瑛法師嘗著論力斥其非。然岐昌和尙所慨歎爲犯邪婬之寺僧。予因知其初往往因逃塵欲而出家者也。於此可知情欲之不易除。而煩惱之有關生理者。或愈抑愈熾也。然此猶出家而未切實參學者也。嘗聞昔有某禪者住某著名禪堂已二三十年。久請班首。年已五十餘矣。一旦偶游上海。婬欲心猝動而不能遏。竟犯婬戒。厥後婬心彌熾。乃無婬而不犯。飲酒食肉。終以婬死。此其可畏爲何如歟。嗚呼。經傳所載佛本行中及其餘修士之染塵欲而退道者。洵非虛語。而士夫心知佛法之正。故生違異。或乍入而旋出。與僧中多犯戒行者。何莫非不善處置有關生理情欲之煩惱障。而時時生其反應之表徵哉。故處今日而欲圖佛化之普及。則王君所主張兼足正當愛情正當生活之方便。殊有不可不採行之勢也。

然此亦不須於佛之教法外別求方便者。其屬於在家士夫者。但當於佛法先求信解。而勿遽慕行證。若晚清楊仁山居士。乃純然白衣居士。遑言五戒。且幷一戒二戒未受。起居服御。飲食婚宦。悉遵常俗。此則人人可行者。而其信解於佛法者。固堅卓不可搖奪矣。進此則爲三皈優蒲。再進此則爲一戒二戒三戒四戒乃至五戒優蒲。

此當精熟於優婆塞戒經之開遮持犯。固仍以平易近人情爲準。不唯夫婦居室不在於禁例。且給值於妓亦未爲犯。其所戒之非人非時非處非道之邪婬。則皆以維持正當愛情而深符兼足正當愛情之條件者也。至於兼足正當生活。則此經於常俗之飲食起居宦商耕讀。均隨順不違。其所禁者。則專在殺生盜財亂倫欺世及沽酒等惡律儀。要不過爲維持其正當生活而已。再進之則當以玄奘法師所翻譯之菩薩戒本爲登峯造極。其屬在家菩薩。則正當愛情及正當生活猶不在遮禁。而廢事逃禪悖倫苟安。乃適爲有犯於戒。故在家士夫當深識此。其未能入佛法之門者。勿因恐奪其情欲。裹足不前。或故生反對。其已入門者。亦勿須摹仿僧事。惟以敲橅打磬宣佛誦經棄家廢業離羣逃禪爲學佛。但由信而漸求其解。由解而愈堅其信。信隆而三皈而五戒而不離常俗婚娶仕宦農商工作之事業。以行布施愛語利行同事等菩薩行可耳。但官爲好官。農爲好農。商爲好商。工爲好工。便是行菩薩道。至遠離塵俗。隱遯山林。嚴持律儀。精修苦行。乃佛別爲苾芻杜多所設之行軌。不必强以自爲拘苦也。

夫此於在家之學佛徒衆。誠可謂平易近人情之行矣。而出家者又將奈何。曰。王君固嘗有言。雖有能者。奈多數人何。此前為多數人設方便耳。而苾芻杜多之行。則仍當讓之能者。以住持吾佛極高尚極清淨之教體。唯出家為苾芻之始。當極嚴謹。勿令信行未定者濫入僧倫。而既入僧倫之後。尤當繼之以持戒學教習禪之嚴重訓練。勿使退墮。而其後更當寬令可自由請求反俗。則僧內庶清淨也。

中華民國國民道德與佛教

自民國成立。朝野之士。冏屢次以共和國之元素在乎道德為言。唱國民道德主義。以期改造國民之人格。使咸進於善。顧迄今國俗民心。敗壞愈甚。雖欲退求一日之法治。亦不可得。此其故奚在耶。曰。是皆矚道未眞。建德無本。人心失所依歸。回遹馳蕩。輭弱脆薄。末由立根深寧極之誠。是以卒無所謂道德其物者應國民之需要也。茲當國者又昌言道德矣。迺其徇僞迹昧眞本也如故。非斥直心。咸令大覺。則國民道德云者。其終付之於空談歟。中華民國國民。其終泯棼淪胥以盡而不能振歟。叩心所危。宣意之默。作中華民國國民道德與佛教篇。布告中華民國國民。

（一）道德之眞本

人復眞如之心。道之元也。心契本覺之性。德之全也。其致之也庸易。要在內反而不外騖耳。國民能反求諸己有。雖小國寡民。亦必有以自立。況地廣人庶。承襲數千年政教學藝之化。而維繫不墜。有若吾中華民國之國民者乎。條而貫之。整而理之。淬厲而振作之。磨礱而光明之。固將王百谷而鏡萬流。亹亹斐斐。雍雍和和。率宇內共躋於仁至治上理。可操券待。寧至攘臂露肘。效彼未脫貴族乍入戰國者。逐逐金鐵功利之末。且欲求一日之富强。而圖存於列邦之間。亦不獲哉。烏虖。國民可知反矣。民人能反修諸躬行。則皆有以安其生。樂其業。遂其心。完其性。大同太平。可端拱致。寧至制之以律。繫之以政。拘之以禮。別之以居。家庭也。聚落也。國邑也。皆別之以居者也。猶不能得一日之寧哉。烏虖。民人可知反矣。人心能反。休之性覺。則諸法空。而一心寂。疏觀乎宇宙萬有。靡不逍遙自在。通達平等。圓常普遍。本來如是。何至眩水火之相傾。駭物我之相統。烏乎。人心可反矣。雖然。是必於眞唯心論。朗焉而悟。確焉而信。乃能有所宗依。夫古今東西之學宗繁矣。雖亦有標名唯心論者。胥未能究其本末。窮其眞僞。使人斷除疑畏。解脫煩憂也。進至近頃來所崇之一元二行論。亦僅能成立眞唯物論。論哲學之派別其義詳見道學論衡故除佛教之外。曾未有極成眞唯心論者也。而眞唯物論。亦眞唯心論之一部分也。眞唯心論。上證乎心如性覺。出其緒餘。足以陶鑄堯舜華盛頓。孔顏柏拉圖老莊託爾斯泰。非是者。則唯有爲造成大盜巨奸妖媚巫覡之資耳。故道德之眞本必求之眞唯心論。眞唯心論必求之佛教。

(二) 中華民國國民之道德

以內反諸己躬性爲眞本之道德。在今日之中華民國國民。不唯是應時之聖藥。抑亦中華民國國民性本來之特徵也。順而導之。轂而充之。以完其至眞至美至善之量。故與緣飾塗傅者殊也。稽之古史。中華民國之國民性。一內聖外王之國民性也。離過絕非。智圓福備之謂聖。濟世救物。益羣利衆之謂王。故隨之以發揚國民道德。極之唯一渾圓眞覺之國民性。更不容有公私等種種之分別也。隨順國民之眞性本能離過絕非。故斷除一切染心惡業苦事。則殺盜邪妄貪嗔癡慢驕諂嫉憂皆無矣。隨順國民之眞性本能智圓福備。故則養成一切淨心善業樂事仁慈義讓溫良勇健榮富壽康皆有矣隨順國民之眞性本能濟世救物益羣利衆故則體國經野惠民厚生扶弱匡時解紛排難哀不能而拯困窮流闓闠以馴服强暴足以保傅人天與圜地倫庶貞無盡之進化矣此卽佛教實踐眞唯心原理之三聚淨行約之一心施爲萬德見之家族則家族親睦矣見之社會則社會輯和矣見之國家則國家安固矣見之國際則國際妥洽矣見之世界則世界康樂矣見之政治則政治淸寧矣見之紀律則紀律修明矣見之教育則教育均平矣見之學藝則學藝昌盛矣見之禮俗則禮俗淳良矣見之財泉則財泉流通矣見之羣倫則羣倫整齊矣見之庶類則庶類繁榮矣得其一而萬事畢斯之謂也廣見乎大藏中萬八千卷之經律論欲詳之者可尋之也

吾國民有不以國民道德一言但作口頭譚門面語者乎幸於斯義益深思考之勿視爲一家私說或疑爲遠闊無當而河漢之蓋國民道德未有庸常切近於是者矣

唯物科學與唯識宗學

三界唯心萬法唯識固聖教之決定量佛理之根本義也就十界依正之總相言之

則曰三界唯心。就諸法體用之別相言之。則曰萬法唯識。故唯識宗學。實爲大乘之始。自海西科學之功盛。以其所宗依者。在乎唯物哲論也。（海西哲學諸宗、始於多元論二元論、於純正哲學未能極成也、進至一元之唯物論與唯心論、然唯物論未極成唯物論、唯心論亦未極成唯心論、以唯物論所云之原質軼相以爲一元、而物質精神爲二行、新近諸科學大概均以此一元二行論爲依歸、覈之則此乃「眞唯物論」耳、蓋所云物者本指天地人物之和合連續假相中之現象、非謂物質精神、物質精神則天地人物之現象上同時並著之二現象耳、此一元二行之眞唯物論頗近小乘俗諦、蓋小乘之俗諦、亦即天地人物之和合連續假相、其緣起流轉因果義亦說色心二行、即「大微」之物質與「惑業」之精神是也、眞諦則爲生空眞如、即和合連續之假相本來空寂、及緣起流轉之幻事擇除還滅是也、然小乘之所重、固在由實踐哲學之道品論者也、一元二行論又近於大乘唯識現量性境、以其即現對之天地人物爲一實元、以精神與物質爲行相近、似唯識論以前六同時親所緣緣之色塵爲實事、以四大極微等爲意識假想觀慧所緣緣影也、但此爲免違世間過、隨順世間世俗諦姑縱許之耳、究之乃是似現量似性境、所謂非量與帶質境、非眞現量眞性境也、何者、以眞現量眞性境中、無復和合連續假相之天地人物等故也、然無論爲現量性境抑非量帶質境、此一元二行之眞唯物論、卒不得不歸之大乘唯識眞唯心論中之境一部分也、其詳當閱佛教社出版之道學論衡楞嚴攝論、）遂畏聞大乘佛教之名。抑若一言大乘佛教。即挾神權幻術俱至。不知大乘唯識論之成立。先嘗經過小乘及大乘之空宗。將邪僻唯心論（正名公神或我神論）之常見與邪僻唯物論之斷見。同日摧蕩淸理。乃開大乘唯識中道。故竺乾當日大乘唯識論之所緣起。正以勝論之多元或二元論等天神汎神及數論之神我論等順世論四大極微之物質論等。小乘之有論空論等。大乘之空宗等。探究玄奧。觀慧微密。皆極一時之盛。迫於人心之要求所不能自已。大乘唯識論乃應運興起。且彼時雖有小乘之正論。徒高超世表而不能普救羣生。與今日雖有科學所宗依之一元二行近眞唯物論。徒嚴飾地球而不能獲人道之安樂。亦恰相同。故唯識宗學。不但與微物科學關通甚切。（案中華隋唐間因研究竺乾外道小乘之學者頗盛、故此大乘唯識宗學因之昌明。由五代入宋元、各學衰微、唯識宗學遂亦因之湮沒、相承者但禪宗及淨土宗耳、）正可因唯物科學大發達之時闡明唯識宗學。抑亟須以唯識宗學救唯物科學之窮耳。

突然聞唯識無境物之言。似乎可驚。然未能細按唯識之義耳。言唯識者。識有四分。一者相分。卽識心上所明了分別之境象。如鏡中影。世間所言物質。不越乎此。二者見分。卽識心中能明了分別之功用。如鏡上明。世間所言精神。不越乎此。三者識自證分。卽識心不待他證明心有而能自證明者。（如境、象之有無、必待心爲證明、非心證明、卽爲虛妄無驗之言。心自證知、故曾起心能自憶之、更不待他、）此爲識心自體。喻如鏡面。四者證自證分。卽識心自體所證明之結果及能證明識心自體者。此爲識心體實。喻如鏡身。後之二分。皆世間所未與知也。

若知有「識自證分」者。則一元二行論之所謂「一元」者。不難見矣。否則雖立「一元」。虛位實無元耳。又曷嘗有所謂「一元」者哉。諸識心之一相分中境。凡有三。一者實境。此又有二。(一)一切法眞如性境。此轉識成智時第六第七第八識相應之無分別智了之。(二)一切法自相性境。此則六識及第八識與其心數了之。若現量所了一一色聲等離名言之自相是也。二者帶質境。此又有二。(一)以心緣心眞帶質境。此第六第七識與其心數了之。(二)以心緣境似帶質境。此唯第六識與心數了之。卽現在天地人物等宇宙現象。乃和合連續如幻如夢之假相。亦謂之意言境。其根則在以心緣心之第七末那識執第八識相爲內自我體法。蘭西特嘉爾所謂吾生始終唯一意境。殆亦有見於此。三者影像境。唯第六識與其心數了之。亦謂之意言境。略分爲二。(一)妄情執著境。若執著無驗之原質爲實體等。又若執著造物主等。(二)隨念分別境。若念過去未來之境。及假想觀慧所觀之境等。未得無分別智親證雖觀眞如亦影像境復次言唯識者有二類識。一者本識。卽第八識。爲諸色法心法數法分位法作因。而又有自現行之四分心與心數者。二者轉識。各各有自識之現行四分心與心數。亦還熏習本識。增長本識功能而爲本識作因。復次有二類識。一者有漏恒俱轉識。卽第七識與第八識。乃和合與連續二假相之根本。作生死依。二者不定恒俱轉識。卽前六識。依和合連續心倏起倏伏。亦還牽引有漏恒俱轉識受生死輪。又唯識言。總含諸法。非謂一切絕無色聲等法。識變現故。眼識乃至藏識自體故。觸欲信貪尋等識眷屬故。時方名數前後同異等前三分位故。眞如乃前四實性故。皆不離識。俱非心外。故名唯識。又唯識宗說人生世界之緣起。非謂一霎忽有。或異熟焉。或共共業力化成焉。或不共不共業力化成焉。或共不共業力化成焉。或不共共業力化成焉。十二有支。十五依處。三習四緣十因五果。理趣宏深。茲難具述。不應聞言唯識。卽指器物責心令造。要之種種業習因緣。幷所生果。皆非識外。俱不離心。故名唯識。以此圓淨成實眞唯心論。律一元二行之微物論學。抑而奪之。雖未知眞實義。縱而與之。固眞唯心論之一分。必明唯識宗學。諸唯物科學乃能消歸自已成妙用焉。

唯物科學與唯識宗學相關通之處。不言其遠。卽就佛教大小乘共同之說以觀之。

佛言身爲蟲衆。又言滴水有多微蟲。此雖佛及諸聖弟子天眼之所親見。然諸肉眼凡夫所不能見。故無證明。今得科學所製成之顯微鏡以觀之。則獲其親觀矣。又若四洲一日之所照臨。而互視有日夜之別。得今之天文學益明其指。又說色身之所生起。乃有起身根蟲。證以今之精蟲說而確驗。略舉數事。餘可類推。近頃以光學電學之進步。已能窺見宇宙諸存在物。皆是和合連續假相。絕無不透明空隙之固實質。刹那刹那生滅流動。連續而現。展轉展轉。抵吸調劑。和合而起。是以一切無常無實。其實常者。正唯「空」耳。蓋密邇小乘之生空觀矣。第何緣而現起和合連續假相諸物、且有類別及恒軌乎。彼刹那生滅展轉拒攝之微體。究爲何性。復依何現起乎。且平常見天地人物之時。既不見其爲刹那生滅展轉抵吸之連續和合假相。逮藉光電見爲刹那生滅展轉抵吸之連續和合假相時。又失平常所見天地人物之相。則欲藉光電證明彼緣理性源。亦終爲不可能之事。然究實唯是一心眞如性。藉光電猶見有生滅抵吸相者。仍在乎能見心上之有障礙耳。依此可知空不定。空有不定有。但心明見臻何程度。卽心之境則成何狀。是以能從唯識宗學如實修證。則得圓成五眼。（此舉眼以總表六根、當知耳鼻舌聲意、亦各成五種、）偏知者境。以人眼（本曰肉眼）見天地人物。以天眼見透徹遠預。以慧眼見常偏空寂。以法眼見緣起因果。以佛眼徹證唯是一心。更無二相可見而圓顯眞如覺性。然五重境皆卽唯心眞如覺性。故佛眼具前四眼。而前四眼不能具佛眼。藉光電所見者可准爲天眼慧眼之少分。修唯識宗學。則漸得成五眼。一念中平等了知五重境。知藉光電所見者雖境界不同。實卽吾人平常之所見者。亦可推知吾人妄造惑業妄受生死之現行無明境界。卽如來之不動智光矣。道有可證。言非憑虛。思之思之。夫亦何遠之有。

嘗有二因明比量曰（一）佛所說阿賴耶識人人所能諦信。以可內自證知。故凡可內自證知者。必人人所能諦信。如人居闇中。皆審知所無自身。反之則人人所不能諦信者。必是不可內自證知耳。如言天神上帝。（二）佛所說五眼六通衆人皆能諦信。以有衆同分現量可得。故凡有衆同分現量可得者。必衆人皆能諦信。如質學化驗。反之則衆人皆不能諦信者。必是無衆同分現量可得者耳。如言上帝創造天地。夫科學之可貴。在乎唯徵眞理實事。不妄立一標格。堅握之。以所知自封而拒所未知耳。若不求眞是而妄排蔽。則與迷神教者亦復何異。習唯物科學者。若知佛乘唯識宗學。其貴理眞事實。較唯物科學過無不及。則必不將佛教視同天魔畏途而相戒不游也。乃作此以忠告諸治唯物科學者。

人人自治與世界和平

夫和順者。樂平穩者。安安樂者。人生惟一之幸福。亦人心無上之要求也。然自有人類之文史以來。就其可考者而計之。橫亙西東。豎極古近。所謂和平安樂幸福者。徒見之詩歌想像。雖無一日不在人心要求中。卒之若即若離。愈趨愈遠。未嘗有眞享和平安樂幸福之一時。其似是有之之日。又即爲不久發現滔天大禍之所在。致惟留一治一亂福兮禍倚禍兮福伏之迹。何哉。世界和平安樂之幸福。終非人類之所能有耶。抑求之之方法有未善耶。持此以詢之人人。僉曰是必由求之之方法有未善焉耳。然則請及今而討論其方法。

古者嘗有謂人類之常。在於君臣父子夫婦兄弟朋友五倫。其根本則又在乎孝悌。求聖君忠臣。於是求賢夫良婦。於是求嘉朋益友。亦於是。由子孝弟悌。而父慈兄愛。

而君仁臣良而夫婦睦於內。而朋友信於外。則國之治與天下之平。人類之和平安樂幸福。舉無餘事。此以家爲本而求之者。逮乎一轉而入於戰國。世若輓近。咸改求和平安樂之福於國。有所謂國家主義、帝國主義、憲政主義、軍國主義、法治主義等等。至於今日。又爲圖窮而匕首見之時矣。於是又改求之於社會。如所謂平民主義、民治主義、社會主義、共產主義等等。爲一世人所驚心駭目之新思潮是也。總束其目的之所在。要不外求世界和平人類安樂之幸福而已。然求於家爲根本之五倫與求於國爲根本之三權。均瀕於敗矣。茲改求之社會。果有濟歟。同爲生人。同有願世界和平人類安樂之心。旣不忍覩治亂因循禍福倚伏以終古。又觀從古及今紛紛然以求之者。其方法皆有所未當。恐終不免陷入治亂因循禍福倚伏之漩渦。遂不得不有所貢獻。以冀有志世界和平人類安樂者察焉。

竊謂國也、家也、社會也。雖有廣狹深淺之不同。其爲人與人聯合聚集交互相對關係之外緣則無異。故其根本厥唯是人。人人之受施。雖必有一部分形成於國家社會。然同時須知人人之言行。亦必有一部分影積於國家社會。其所謂能形成人人之外緣。豈他物哉。卽人人言行互相聯聚之影積耳。故國家社會皆爲影。而唯人人爲形。欲正其影。須端其形。乃至欲化除家國之影而唯留社會之影。亦必從人人之形上化除之。形在則影存。但欲從影撲卻之徒勞形而亂影耳。然欲知形之端未端。可鑒之於影之正不正。見影之不正而悟形之未端。端其形焉。影卽由之而正。此卽外緣熏發內因而成端正之效者也。今見家也、國也、社會也、種種不良。欲改造焉以求遂和平安樂之願。猶之不端其形而求影之正。終不能獲。故人人唯當改造自己斯可。此義無以名之。名之曰、人人自治主義。此義云何。卽佛教之三聚正法也。茲分述之於下。

（一）攝律儀法

常人之發之於意、表之於言、現之於行者。要皆不知不覺中隨情習而妄動躁亂放蕩。無自主之力。若能有自覺心。覺悟自體本來眞淨。離過絕非。爲尊重此本來之人格。故於垢汚之行如殺、盜、邪淫等。於垢汚之言如妄言、綺語、兩舌、惡口等。於垢汚之行如貪、嗔、痴等。能內伏其情識之因。外不奪於習俗之緣。制之不起。令得離盡。然後意之發、言之表、行之現。皆合自體本來眞淨之律。貫起居眠食。語默行藏。無不具溫良恭謙謹嚴隆正之儀。此爲調治身心自體。磨礱光明。使更無幾微瑕疵。乃世界和平人道安樂之基也。不於是而定其基也。無論用何方法。皆不能藉收良果。且往往利未見而弊已成。因雜毒之行。決不能成純善無過失之事也。

（二）攝善德法

身心之自體、既入眞律而成淨儀。遠離過惡。永絕罪非。於是乃可爲衆善之根、萬德之原。若本人。若社會。若身心。若世界。若國。若家。若教、若政。凡足以啟發善利。增長功德之事。靡不興崇。精勤力行。以修治一切勝善功德。令得圓滿。約之爲三種心。（一）正信心。求眞理之信。不爲變幻事狀之所迷亂。求善友之信。不爲矯僞流俗之所傾蕩。求公衆之信。不爲偏私意氣之所搖奪。於是而大其智勇。（二）慈悲心。樂人之樂而施其樂。苦人之苦而拔其苦。於是而博其仁愛。（三）喜捨心。喜助衆人之得善利。不生嫉妒。捨除自己所有德色。不起驕淫。於是而保其福。和大福大慧大仁大勇。充乎六合。塞乎兩間。天見其光。地見其明。而粹然爲人中全人。此爲向上之至。而實人人行履之所能到。

(三)攝衆生法

上來由自利利他而進之以純粹利他。惟以濟羣利衆爲事。但觀如何能饒益羣衆。卽由如何之道以饒益羣衆。不存己見。不拘定法。約之爲三種行。(一)治救護行。若救放生命。弭息戰爭。化除殘暴。安寧良善。乃至導人人各得解脫人羣一切困壓束縛而成世界和平人類安樂之幸福蔑不是也。(二)治利樂行。若對於羣衆育幼養老恤窮濟急等等。靡不悉力以赴者是也。(三)治德義行。若改良風俗整齊文化啟發智慧發達學術等等。凡能使人羣進於和平安樂者。悉當觀察以順應時機是也。之三法皆人人可由躬起行。不須憑藉。故謂之人人自治之道。世人果能身體力行乎此。展轉熏陶。全球洽化。則世界人類未有不和平安樂者也。惟冀愛和平者擇行焉。

志行之自述

比年來藉國中學佛士夫之力。余於佛教所期興革之事。直接間接舉辦不一。然余志行之所在。將奉之以盡此一報身。而爲長劫修菩薩道之資糧者。恐尚有未喻。茲値海潮音第五年發刊之始。特爲拈出。供海衆之論究焉。昔仲尼志在春秋。行在孝經。余則

志在整興佛教僧（住持僧會正信會）

行在瑜伽菩薩戒本

斯志斯行。余蓋決定於民四之冬。而迄今持之弗渝者也。試分述於下。

云志在整興佛教僧會者。除散見各條議之外。關住持僧之項。大備於整理僧伽制度論。此論現因函索者多。今募重印。以廣贈送流布。而此論於佛教正信會之項。亦略曾兼舉及之。茲表錄概要於下。其詳則尋之原論可也。

（甲）教所表

一者縣區列表如下

名稱	地點	數目	說明
行教院	城中	一	云行教院示別持教院也譬在上海則曰上海行教院此爲佛教團體一縣機關

名稱	地點	數目	說明
法苑	城廟	一	法苑專修經懺法事每縣置一在人民聚居處或因舊寺之便每縣置二再多則法儀難周更有多種不便
尼寺	城廟	一	尼寺專住苾芻尼衆尼衆不宜分散居住及宜在城廟住毘奈耶雜事處亦嘗言之蓋以免暴客之擾也
蓮社	城廟	一	蓮社乃通攝一縣善士信女共修念佛三昧之所故亦宜設在人民聚集之一處
宣教院	四鄉	四	此乃宣講於鄉鎮者宜在每縣四鄉大市鎮上各置一所統屬於行教院

計每縣共八所若上稽於道區則每二縣有一宗寺

二者道區列表如下

名稱	地點	數目	說明
清涼宗某某寺 天台宗某某寺 嘉祥宗某某寺 慈恩宗某某寺 廬山宗某某寺 開元宗某某寺	各各宜在山林勝地遠離城市	各一	此之宗寺卽八宗之專修學處僧中人才胥出於此昔之書院今之大學校等亦宜在山林空曠地學世俗學且然況佛學之專修處乎然此當仍寺名不得名爲學校蓋所修學不離叢林規制本與世俗學校迥別一名學校不免爲政治教育所範甚非政教兩便之道故佛教總會章程上改稱各宗大學校者當刊正也又舊有禪寺律寺等分別今亦當去除之少林宗亦未嘗不上堂講說天台等宗亦未嘗不晏坐禪觀各宗既無不守戒律而南山宗亦未嘗不講律坐禪也故此所定稱者各宗祖庭則但曰某某宗寺假曰天台宗寺各宗

少室宗某某寺 南山宗某某寺	叢慣	所	餘處之寺則或加以舊稱或加以山名假曰少室宗天童寺此之區別猶日本各宗有本寺支寺也
佛敎醫病院	城廂	一	菩薩學五明處有醫藥明佛號醫王大士亦有藥王藥上捄治病苦衆善所尙故每道區各設一所
佛敎仁嬰院	城廂	一	始生曰嬰孩亦曰赤子赤子之心曰仁菩薩有嬰兒行示同嬰兒以爲主道嬰孩不幸爲父母棄收而養之仁莫大也故每道區各設一所

計每道區共有十所

統計縣區則有行敎院法苑尼寺蓮社各十六所宣敎院共六十四所　合計一百三十八所

三者省區列表如下

名稱	地點	數目	說明
持敎院	省城	一	此爲一省佛敎團體機關譬在浙江則曰浙江持敎院名敎院者依敎秉持於僧宣道於俗者也行敎院宣敎院視此
佛敎慈兒院	省城	一	貧兒孤兒衣食無靠敎育何處能受當慈憫故收養敎之扶植成人仁嬰及七歲者亦收於此欲令博大每省僅設一所

統道縣計每省行敎院　六十四所

又　又法苑同上

又	又	尼寺	同上
又	又	蓮社	同上
又	又	宣教院	二百五十六所
又	又	宗寺	三十二所
又	又	醫病院	四所
又	又	仁嬰院	四所
合計五百五十四所			

四者國舊部區列表如下

名稱	地點	數目	說明
佛法僧園	國都	一	此爲中國本部佛法僧全體機關包羅宏富該攝僧俗以園名者昔佛住處曾曰祇園而僧伽藍亦曰衆園園宜茂植名花佳卉則又取譬相成曰佛法僧園者中國舊部住持三寶全體之大根柢皆栽於是故也只宜有一其理易明與政相倚故在國都若隨教勢亦可在武漢或金陵或上海耳

統省道縣計有持教院十八所
又　又　宗　寺五百七十六所
又　又　行教院一千一百五十二所
又　又　法　苑同上
又　又　尼　寺同上
又　又　蓮　社同上
又　又　宣教院四千六百零八所
又　又　慈兒院十八所
又　又　施醫院七十二所
又　又　仁嬰院同上

合計九千九百七十三所　佛法僧園另附銀行工廠各一所

（乙）教團表

非建立團體種類

一者　一切有生無生有情無情有色無色法法性一切衆生本源心地
二者　十方十世十法界佛十方十世十法界佛法十方十世十法界佛子
三者　一切無記中曾偶見聞偶稱誦偶夢想佛法僧三寶名相之五趣衆生
四者　一切曾見聞三寶而興謗乃至念念厭惡聲聲詬詈事事毀壞之五趣衆生
五者　一切曾見聞三寶而隨喜乃至一念恭敬一稱南無一小低頭之五趣衆生
六者　一切曾聞佛法乃至了解一句義之五趣衆生
七者　一切曾受菩薩戒菩提心戒三昧耶戒之五趣衆生
八者　一切現受菩薩戒菩提心戒三昧耶戒之人類

佛教住持僧

中國本部	此正今論之所詳言
各地各國	今所不詳

佛教

入會條件世界人類無論何種民族何國國籍何教信徒何等職業何黨會員

一者　非未滿十五齡
二者　非本國刑事犯
三者　皈依一苾蒭或一苾蒭尼爲師或皈依一師以上者
四者　從皈依師受持一戒或至十戒者
五者　得本會會員一人介紹

正信會	為男為女皆得入會但須限於下列條件	六者　得本人自具入會志願書 七者　得本人自認任本會別團體及蓮社一款事業以上者 八者　得本會或總會長或總分會長或分會長認可
	出會條件　凡會員遇有下列條件者除籍出會	一者　死亡喪失會籍然非出會 二者　自請除籍出會 三者　犯本國刑事上重大罪名 四者　失心病狂三年以上者 五者　改志專信他教毀謗三寶破壞佛教由師友勸誡三次以上不悛者 六者　犯所持戒懺悔不改乃至不能持守一戒得會友五人檢舉三次以上者 七者　偷盜僧物及本會財物值一圓以上者 八者　邪淫殺傷苾芻苾芻尼及會友一次或一次以上者
擁護佛教社	條目	一者　對待政府而為擁護 二者　對待社會而為擁護 三者　對待法律而為擁護 四者　對待言論而為擁護

佛學研究社

歷別研究條目

一者　研究一乘二乘三乘五乘之佛學
二者　研究二藏三藏四藏五藏之佛學
三者　研究中國本部八宗之佛學
四者　研究各國各地諸乘諸藏諸宗之佛學
五者　研究各國各地佛書之文字
六者　研究各國各地佛教之歷史

融通研究條目

佛學與人倫道德之研究
佛學與世界將來之研究
佛學與國家政治之研究
佛學與國民禮俗之研究
佛學與中國古今各學派學術之研究
佛學與外國古今各學派學術之研究
佛學與近世各種科學之研究
佛學與古今各種宗教之研究

佛教救世慈濟團綱目

救災	濟貧	扶困	利便
援拯焚溺	傳習工藝	安養老耄	施設燈明
賑濟饑荒	開墾荒地	保恤貞節	修造橋路
消防水火		矜全殘廢	義置舟渡
救治兵傷			

佛教通俗宣講團綱目

方法	場所
印送文告	城廂
編演戲劇	鄉鎮
集衆講說	道路
隨機誘導	舟車
	軍營
	監獄
	工廠
	病院

宗旨	
勸導行善	勸化止惡
愛國	弭兵止殺
守法	息鬥和戰
勸業	勸戒偷盜
互助	勸戒邪淫
調身	勸戒奢華
惜物	勸戒煙賭
和平	改良婚禮
誠信	改良喪制
放生	改良家族
念佛	改良交際

(丙)教所與教團關係表

表中佛教團體建立非建立團體總團體別團體中國本部各國各地授學處修行處之八名但約義名非有實物

佛教團體

- **建立團體**
  - **佛教住持僧**
    - **總團體**：佛法僧園
      - 中國本部
        - 持教院：銀行、工廠；仁嬰院、醫病院、慈兒院
        - 行教院：宣教院
      - 各國各地
        - 持教院
        - 行教院
    - **別團體**：八宗本寺、支寺、尼寺、法苑、蓮社
      - 授學處：本寺、支寺、尼寺
      - 修行處：尼寺、法苑、蓮社
  - **佛教正信會**
    - **總團體**：總會、總分會、分會
    - **別團體**：佛教通俗宣講團、佛教救世慈濟團、研究佛學社、擁護佛教社
- **非建立團體**

今當專就中國本部住持僧詳言之先定僧伽之支配數此又分二

一者族類之支配數表示如下

- 求入僧伽類每年約有二三〇四〇以八十萬僧伽四十分之一零計之 每縣每年當定有二十八求入僧伽
  - 求戒類 定以二年為求戒期 約男僧二十分一計 共三五〇〇〇
    - 求沙彌戒類 一七五〇〇
    - 求苾芻戒類 同上
  - 預戒類 指未過十八歲入僧先受持沙彌戒者言 共九一六〇 約每道有三十八
  - 受學類 具戒之後定以十年為受學期約男僧四分之一計 共一七五〇〇〇
    - 正學類 八七五〇〇
    - 參學類 同上
- 已住僧伽類常
  - 男僧類總共七十萬
    - 得戒類共六六五〇〇
      - 具戒類 指苾芻言 共六四五八四
        - 具學類 指過十夏苾芻 共四八一
      - 備戒類共四七六〇〇〇
      - 毘奈耶類共四〇〇〇二
      - 修行類共三四二八二四
        - 修道類 指修行類在法苑蓮社宗寺佛法僧園者言 共二九九八二〇
        - 行教類 指修行類在佛法僧園持教院行教院宣教院慈兒院醫病院者言 共四三〇〇四

時定有八十萬人

- 以僧伽八分之七計
  - 〇一 以男僧除求戒類計
    - 〇 約得戒類除預戒類計
      - 〇〇〇 約具戒類除受學類計
        - 約具學類除補戒類計
          - 四 具壽類　指生年滿六十歲戒壽過二十夏苾芻言　共五七二〇〇　約每宗寺一百人計
          - 阿蘭若類　約備戒類除毗奈耶類計之
            - 修行類
            - 具壽類
            - 共七五九七六　或寓蓮社或居靜室或住茅菴或混市廛或入深山或遊外國
        - 補戒類　指犯四棄在各宗寺修苦行懺悔之具學苾芻　共五千人　約男僧百四十分之一計
  - 求戒類五千
    - 求沙彌式叉摩那戒類二千五百
    - 求苾芻戒類　同上
- 尼僧類總共十萬
  - 學戒類二萬六千零
    - 沙彌類一千人零以每道十四人計
    - 式叉摩那類二萬五千人以尼僧四分之一計
  - 得戒類七萬五千
    - 具戒類六萬九千五百不到
      - 修行類五萬八千零　以具戒類六分五計
      - 具壽類一萬一千五百不到
      - 補戒類五百人　以尼僧二百分一計
- 反出僧伽類約有三〇四〇　以求入僧伽類十分之一零計

二者處所之支配數表示如下

所名	所衆類數	每所各數	全國總數
尼寺	沙彌尼一人不到 式叉摩那尼二十一人零 具戒尼五十人 具壽尼十人 補戒尼二人	八十三人零	九萬四千五百五十
蓮社	純一修道類	十人	一一五二〇人
法苑	同上	二二〇人零	二五三四四〇人零
行教院附宣教院	純一行教類	三十八人	四一四七二人
南山宗寺	受戒類五百五十六人零 正學類一百五十二人不到 參學類一百四十九人 修道類六十人 具壽類一百人 預戒類十八人 補戒類二十四人零	一〇六〇人零	七六三二〇人零
餘七宗寺	正學類一百五十二人不到 參學類一百四十九人 修道類六十人 具壽類一百人 預戒類十六人補戒類三人	四八〇人	二四一九二〇人零

仁嬰院	純一具戒尼	五人	三百六十人
醫病院	參學類五人 行教類五人	十人	七百二十人
慈兒院	純一行教類	十人	三百六十人
行教院	同上	十八人	三百二十四人
佛法僧園	參學類約一千二百人 修道類約四百人 行教類約四百二十人 具壽類約九十人 具戒尼約九十人		上總共七十二萬三千一百八十六 得零數八百三九零
無方所	阿若蘭類	約七萬五千九百零	
合計僧伽八十萬人			

云行在瑜伽菩薩戒本者。佛法攝於教理行果。其要唯在於行。以信教解理。功在能策令起行。如信解而不行。則教理胥等於無用。果則行滿之所成就。不行或行而未滿。果不能成。果之既成。則任運更無所爲。故有力且必要者。唯在行也。行無數量。攝之爲十度。又攝之爲三學。嚴核之則唯在乎戒學而已矣。何者爲戒。惡止善作曰戒。

夫惡無不止。則雜染無不離矣。善無不作。則清淨無不成矣。雜染無不離。清淨無不成。非如來之無上菩提耶。而戒獨能達之。故曰唯在乎戒也。彼定與慧則戒之輔成者耳。非眞是與戒鼎立而三者。故定者令有凝固之力而止而作者也。慧者令有決斷之力而止而作者也。非戒之止之作。則雖有定慧之力。猶不得其用焉。

知法在行。知行在戒。而戒又必以菩薩戒爲歸。以菩薩之戒三聚一攝律儀重在止惡。多與聲聞共。二攝善法。在集自善。少與聲聞共。三饒益有情。專以捨己利他爲事。乃與聲聞不共。菩薩之入俗。佛陀之應世。皆以能捨己利他耳。故饒益有情之戒聚。實爲菩薩戒殊勝殊勝之點。梵網瓔珞諸本戒相之詳略有殊。其高者或非初心堪任。而復偏於攝律儀攝善法之共戒。舊譯之彌勒戒本亦猶有訛略。唯奘譯瑜伽師地論百卷中所錄出之菩薩戒本。乃眞爲菩薩繁興二利廣修萬行之大標準。此瑜伽菩薩戒本近亦有單行者、余集慈氏三要合刊、一瑜伽眞實品以明境、二瑜伽菩薩戒本以執行、三彌勒上生經以期果、今正纂刊、而一一事分別應作不應作。又初心菩薩之切於日行者也。竊冀吾儕初行菩薩皆熟讀深思其義。躬踐而力行焉。故曰行在瑜伽菩薩戒本。今略舉此戒本中殊勝精神所在之數條爲證。亦可以知其概矣。

一者、梵網等十重戒。第一不殺生至第六不說四衆過。皆攝律儀之共戒。而菩薩戒本則唯取其不共之後四爲四重戒。名四他勝處法。一、貪名利而自讚毀他戒。二、慳財法而不行捨施戒。三、結忿怨而損惱他人戒。四、著邪見而謗眞樂似戒。則唯大乘不共之戒。云他勝處卽波羅夷。以菩薩安住菩薩之淨戒律儀爲自勝處。犯此四法。則捨菩薩所安住之自勝處。而墮於「非菩薩」之他天人魔梵聲聞勝處。爲「非菩薩」之他法所制勝。故卽喪失菩薩之身命也。

二者、卽前四他勝處。亦於上品纏犯。乃失菩薩淨戒。卽失菩薩淨戒。於現法中亦堪更受。此亦全不同聲聞律儀者。

三者、其惡作所攝中。若第一不禮拜供養。第二不尊敬耆德。乃至於諸有情所應作事不爲助伴等。皆積極令作善而非止惡。

四者、若第三第四不受信施。第五不爲說法。第六捨暴惡有情不爲教化。第七應與聲聞共學將護他之禁戒。第八不應與聲聞共學少事少業少希望住戒。而當如法多事多業多希求行。第九乃至十六。於殺盜淫身三及妄語等口四之性罪少分現行。兼及廢黜暴惡之增上位帝王宰官等。則湯武吊伐周孔刑政。乃至今之政治階級等革命。其至當合情理處。亦無不包括在中矣。二十之不自雩謗及去招謗之故。二十一之應打罵者不打罵。以至不安慰他人之愁惱等。皆純乎饒益有情之行。而以不如是行爲犯戒者也。

必能踐行此菩薩戒。乃足以整興佛教之僧會。必整興佛教之僧會。此菩薩戒之精神乃實現。吾之志行如是。如有同志同行者。則何樂如之。

學佛者應知行之要事

高者隱山靜修。卑者賴佛求活。惟以安受坐享爲應分。此我國僧尼數百年來之弊習。而致佛化不揚。爲世詬病之大原因也。予有慨乎是。宣化萌俗。近歲人心丕變。皈嚮漸多。然細按察之。新起之在家佛教徒衆。仍不脫僧尼之弊習。且有傾向日甚之勢。此由未知學佛之正行。八正道 故不爲凡夫之溺塵。卽爲外道之逃世也。今所應確知以實行者。凡學佛之人。無論在家出家。皆不得以安受坐享爲應分。務必隨位隨力。日作其資生利人事業。不得荒廢偷惰。以報諸佛衆仁之恩德。庶其滌除積垢而振發新光耳。

此其爲事若何。則應知職業志業之分是也。學者志業也。從吾志之所好以趨踐佛之淑吾身。善吾心。增進吾之德性。達到吾之樂地者也。（若念佛以往生西方爲樂地參禪以見性成佛爲樂地等）故應以三皈之信五戒十善六度四攝之行爲柢。而毫忽不得藉此形儀名稱以爲謀一家一身之生活計者。而職業則於或家或國或社會或世界。隨其勢位之所宜才力之所能。任一工。操一勞。用與人衆交易其利以資一身一家之生活者也。此因吾身藉家親國民之互助。方得生養存活。故吾應有以酬其益報其惠焉。否則吾身於世。即有所損。既增他人之累。亦加自己之負。墮落不免。勝進奚冀。故學佛之道即是完成人格之道。第一須盡職業以報他人（父母師友以及社會）資吾生命之恩。第二乃勤志業以淨自心。進吾佛性之德。必如是。佛乃人人可學。必如是人乃眞眞學佛。何則世間資生事業。皆與佛法不違背。故學佛應自利利他。故累人負己。是無業流氓。故寄生偷活。是邪命。故巧取坐收。是盜行故。

由是觀之。出家者有出家者之家務事業。即所謂「宏法爲家務。利生是事業」也。在家人有在家人之家務事業。即「仕農工商各操一瞻身養家利國益羣之業」也。否則即爲世之負債人。更何能成佛法中超世之志業哉。

佛教化的世界宗教學術觀

華嚴宗
天台宗
慈恩宗
嘉祥宗
淨土宗
真言宗
達禪宗
宣律宗

殊勝的震旦大乘佛教

根

出世的三乘佛教法

本

應化的救世人天佛教

佛教化之儒教宗（老莊附此）
佛教化之神教宗（道教道院同善等社理門等門及日本神道教餘鬼神教）
佛教化之梵教宗（印度新舊婆羅門教各派）
佛教化之基教宗（新舊耶穌教及墨家）
佛教化之回教宗
佛教化之哲學宗（希臘以來各西洋哲學一切）
佛教化之科學宗（科學一切）
佛教化之藝術宗（藝術一切）

天神教之人界以上根據

世界各國。洲不論亞美歐澳非。種不論黃白櫻紅黑。其土人莫不知崇奉天神者。雖所奉天神名數非類。高下不侔。而大致皆認其所奉之天神爲創造人世及主宰人世者。儒教回教耶教道教。以及婆羅門教。尤其傑出知名者已。使人界以上絕無所謂「天神」其物。則彼異方殊俗之各各民族。何故發生同一之崇仰。而祈禱者往往感應相通乎。則天神教匪由人心憑空之想像發生。而必有人界以上之根據可知矣。然此人界以上之天神其物。諸崇奉天神者。徒對向之以認爲本元且終極之鵠的。而不能了知其實。惟有超出天神之佛。乃獨知之。茲敘佛詞於下。

按之佛書。有初禪第三天之大梵者。於一太陽星系之小世界。有一分成始壞終關係。遂自居爲能創造者。又有須彌盧頂忉利天之「能天主」者。以其自界及其下之天之人之畜之鬼。有一分統屬管轄關係。遂自居爲能主宰者。世人或奉天神爲人世之主宰者。由人界以上有「能天主」故。或奉天神爲創造者。以人界以上有大梵故。或奉天神爲創造及主宰者。以將人界以上之大梵能天主合爲一故。然大梵能天主。已自迷謬。故崇奉之者。終亦不免乎迷謬也。

何以言大梵已自迷謬也。蓋此一小世界者。由先成大梵界而漸成至地獄界爲完成。由先壞地獄界而漸壞至大梵界爲盡壞。而大梵之身命。則與大梵異同。爲最先成而最後壞者。當大梵之初生也。梵界空濛。尚無他伴。心念須有他伴生此。爲樂。不久卽有梵輔界成。諸梵輔生。又不久卽有梵衆界成。諸梵衆生。由是久之。下下諸界諸類漸生。而彼大梵乃心計此梵輔梵衆以至下界下類。皆由其心念生起。故自居爲能生萬物之父。以之宣敎諸梵展轉傳告於下界諸類。於是人世間有諸梵志展轉傳敎。而婆羅門摩西耶穌摩罕默德等敎以之生。其實則大梵隨業報生。業盡命壞。與吾人初無所異。故大梵自居爲無始無終衆生之父者。實爲迷謬。而奉事者。亦承其迷謬而已。然有可言者。則大梵之於此一大陽界。蓋居敎主之地位。故佛經亦有稱其爲世界主者。此義如何。則猶「眞異熟識」於一有情之一生。獨能去後來先作主翁是也。夫此一世界由此一世界之有情共業所成。而大梵雖爲有情之一。對於生成世界。殆猶引得一期總報之引業。而餘有情則猶完成此報之滿業而已。攝劣歸勝。攝助從主。則雖爲世界由「大梵」而生。亦不無相似之處。亦猶意根執眞異熟爲自我。而一切攝藏之。故諸神敎徒亦均執之爲造物主。而一切歸向之。除佛法之外。亦絕無能去此天神之迷執者。誠以除佛而外。鮮有能超越其範圍而出之故也。

何以言「能天主」已自迷謬也。蓋此一小世界。不惟太陽系而已。包乎太陽系以上之「時分」「知足」以至「梵輔」「大梵」界。其量之廣。難可勝計。特當非今之天文學所知。故置不議。而僅此一太陽系中亦猶有爲今時之天文學所未能盡知者。今此天文學所知者。至海王星而止。天王星海王星祇是四天王界而已。其上之忉利天界。尚非所知。然齊忉利天界之在太陽系中者。皆能天主之勢力範圍也。以忉利譯三十三。卽俗間共知之三十三天。有平面分列之三十三個天界。而「能天主」界適在其能爲其餘之三十二天推爲共主。復得其下之四天王率諸有力鬼畜以爲輔翼。故其統治之力。上齊自界。下及人界以至地獄界。惟其如是。所以恆自視爲世間之統治者。而在其統治中者。亦皆以統治者奉之。此道敎儒敎以及耶回等所以奉之爲能主宰治理乎人世者也。其實則彼雖不無統治忉利以下之天人鬼畜功力。亦其先世福業之所報生耳。故其能力亦非無限。不惟忉利以上非所能主。卽忉利以下。亦能主治天人等類之一分事情而已。猶之人中帝王雖爲一國民之主。而實則各各國民。皆由自由活動。以自成其善惡行事。非悉由帝王之所成主宰之也。

觀此則未知佛法者。對於諸天神敎。固猶在其範圍中。而未可妄議其奉天神敎者。亦不當封其故步。不進研佛法以自迷執之中也。

西洋文化與東洋文化

西洋文化古爲希臘。中爲羅馬。近爲英法俄德美。上下幾千年。縱橫數萬里。亦寧一言之可槪齊。而古者梭柏亞三氏以及康德白璧德諸哲。其爲學與吾此篇所言之東方文化。固多相近。況曾主持西洋文化千餘年之基督敎。亦本爲東方之文化哉。然現世界爲一西洋文化彌綸之世界。故今言西洋文化。專就現代西洋文化之盛行者言之。其化維何。曰發達科學知識。竭取宇宙所有。以爭求滿足人類之動物慾而已。動物慾維何。曰「肉體生存」「親族蕃殖」之私慾是也。由之以發展爲行動。要不外飲、食住衣食男女之事。及附著之奢華嬉戲而已。由衣食住生計問題。進展至帝國主義、資本主義、無治主義、共產主義等。由男女之戀愛問題。進展至婚姻自主、離合自由、男女公開、兒童公育等。要皆以極衣食住之奢華與男女之嬉戲爲至樂而已。除飲食男女游戲之外、更別無何種高尚之目的。其爲家爲國爲社會爲世界。較之爲身。亦不過量之擴充。期達其飲食男女游戲之慾則一。而此飲食男女游戲之三事。人與諸動物生活之共慾。而絕非人類特具靈長之理性。今彼西洋文化惟以擴張此動物生活之共慾爲進化。故於製成之器用。及資造之工具。與能作之智力。雖日見其進步。但於人類特性之德行。及內心之情理。則不惟無所進善。且日見其推剝消陷耳。故予於今世盛行之西洋文化。一言以蔽之曰「造作工具之文化」而於能用工具之主人。則毫忽不能有所增進於善。惟益發揮其動物慾使人類可進於善之幾。全爲壓伏而已。

夫動物慾誠亦人類與生俱有之生物動物共同性。以人類本爲衆生之一也。然各東方文化。則最低亦須將動物慾節之以禮。持之以義。以涵養人類特長靈貴之情性。使保存而不牿亡。以爲希賢希聖希天之上達基本。而對於動物慾則閑之防之如人羣之畜牧禽獸然。善調而佳隨宜以用。不令騰踔飛突以爲害人性。而鬼神因果禍福之事。亦引之爲行善止惡之輔。以和暢人性（宋儒曰天理）而遏動物之慾。此中國孔孟之儒之所由尙。亦人類倫理道德之所存也。蓋嘗靜察禽獸。饑寒倦病則營求衣食住藥。生活豐足則爲孩童之撫育。男女之嬉或交合等。再不然則爲族類之團聚羣衆之游戲或戰鬭等。愛之極則交合。憎之極則戰鬭。而不外肉體生存親族繁殖（嚴譯赫胥黎天演善謂人與動物皆以自營之私慾、及族類之繁殖。爲本性、）之暗示使然也。今世西洋文化之所開展擴充於人者。要唯斯物斯事而已。故與東洋文化之最低限度亦相背馳。充動物慾以殘人性。則雖謂之率獸食人可也。此儒家所以首嚴人禽之辨歟。

從儒教倫理等而上之。則有回教基督教婆羅門教。（中國之道教、及日本之神道教、屬前鬼神教、）等天神教於人界之上。提出一天神爲宇宙最高善之標準。引發人之善性。使專壹其志上達乎天。雖其行教之方法。或和或激。旁起之影響及副產之效果。有好有壞。其主旨在令人類由人達天。上進乎所期最高善則同。誠能踐其上達乎天之志行。則就其所憑藉所經過之基程上。已收節動物慾與人爲善之效矣。故回基梵諸教皆近有乎倫理道德之誠條。以爲其範衆進德之本。而不遠乎儒術也。

更等而上之。則有疏觀緣生法爾之萬化。悟其皆起於心氣之激盪。以是惟務因任以相與寧息。持之以慈儉讓。守之以核提初生之精神狀態。以止流變而歸根極。則有老莊之道及無想非非想之禪等。其至乎此者。則動物慾不惟節之者已多。且幾乎完全停止矣。然儒家所存養之人性。至是亦化爲人而上性。非復人性矣。故是與前者之天神教。亦皆有偏限。衡以佛之普法。上之未能至其極。下之又將失其本。就人以言。反不若儒術之平正也。

然則佛之普法又如何。嘗察儒家之道。雖注重存養人性。而對於動物慾則閑防之以爲用。俾能聽命於人性之主（若康德所謂良知之命令等）爲止。初未嘗欲剿絕之矣。佛之普法亦然。亦如其緣生法爾之性。使之各安其分。各適其宜。則不相爲害。而互成其利也。其爲救弊除病之對治也。則用人乘法之儒教。以節度動物慾。閑存人性之善可也。或用人天乘法。禁制動物慾。以上達乎天。而增進人性之善。亦可也。或用天乘法。止息動物慾。引之超人入天。亦可也。或用羅漢辟支法。以斷除動物人天升沉流轉之苦。而超出生死。亦可也。或直用佛菩薩法。俾息除障礙。普得通達。亦可也。其爲攝德成事之利用也。佛菩薩法之爲妙德妙用無論矣。其在相當之程度內。羅漢辟支法亦妙德用也。大乘人乘法亦妙德用也。卽發揮其動物之慾以豐足其生活繁殖其族類。亦妙德妙用也。惟除佛之普法而外。餘皆有限有偏。故相爲傾奪高下消長治亂。不能永安。世之思想較寬者。往往羅觀世間諸宗教學術而欲成一調和統合之教法。以寧一人心。而智小謀大。鹵莽滅裂。雜亂附會。此無論其必不得成也。卽有所成。亦彌增亂原耳。凡是皆生於不知佛之普法。久已將一切宗教學術如其性分稱其理宜以調和統合成爲普利羣生之種種妙方便門。故有天地之大而弗知。窺有規矩之巧而弗知用。徒抱頭悶思以終其身也。嗚呼。世之懷大志能極思者。盍回爾之慧光。一諦審諦觀於佛法乎。

但今世之偏用成弊者。雖在西洋文化之惟以發揮擴充人類之動物慾爲進化而致汨沒人理。沉淪獸性。然由此所獲之副產品。則科學之知識及方法也。工作之機器及技能也。生活物產之豐富華美也。社會言行之平等自由也。交通之廣而速也。發見之新而奇也。在在足令人心迷目醉而不能自主。故今欲挽救其弊。雖可用儒教。而儒教之力量微小。猶杯水不能救車薪之火。拳石不能塞河漢之流也。雖可用天神教。奈彼張牙舞爪之「西洋文化獸」乃曾衝郤天神教（指基督教）之欄而斷韁絕馳而出者也。又豈能復用是破欄朽韁以爲之羈勒哉。老莊之道似乎較能也。仍有才小謀大之憾。且之三者。藉使能之。而暫寧一時。終無以使之循分順理而浩然均德也。故諸智者。應知欲救治今世動物慾發揮已極之巨病。殆非用佛陀普法之大藥不能矣。

救偏用西洋文化所成之流弊。須用東洋文化。漸已有人能言之矣。而西洋文化之病根何在。言之每難剴切。而於東洋文化中。又惟佛之普法。眞能救到徹底而永無其弊。尤未能有言之者。吾今淺略言之。蓋佛之普法。乃含涵一切而超勝一切者也。夫西洋文化之副產品。其科學知識方法誠精矣。其工作機器技能誠巧矣。其生活中之物產。誠豐富華美矣。其社會中之言行誠平等自由矣。其交通誠廣而速矣。其發見誠新而奇矣。然使一窺到佛普法中佛菩薩之智慧圓滿也。工巧圓滿也。生活圓滿也。羣衆圓滿也。神通自在也。知見無碍也。必將如河伯之遇海若。歎爲汪洋無極而自失其驕矜之氣。由是喻之以因緣生果善惡業報之法爾常理。使知從劣至勝之眞進化路坦然可行。乃告之以儒教之人倫。可卽爲其轉獸爲人之妙法。而復不爲儒限。可上通乎佛。卽語之以基梵之天老莊之道。亦卽爲其銷罪殖福化形入神之妙法。而復不爲天限。可上通乎佛。於是乎西洋文化之偏補之弊救。而東西洋文化咸適其用。不相爲害而相爲益。

由上言之。則西洋文化。乃造作工具之文化。東洋文化。乃進善人性之文化也。東西洋之文化。未嘗不造作工具也。而以今世之西洋文化爲至極。東西洋之文化。未嘗不進善人性也。西洋若康德等而以東洋之佛法文化爲至極。誠能進善人性以至其究竟。則世界莊嚴。生民安樂。而西洋文化之長處。乃眞適其用也。今偏用西洋文化之弊既極。而其勢又極張。非猛速以進善人性。不足以相濟。非用佛法。又不能猛速以進善人性。此所願爲經世之士大其聲而告之者也。

阿。僧阿。僧阿。爾何在阿。爾何不在阿。尋不着爾底終始阿。窺不到爾的中邊阿。爾非縱非橫非大非小阿。爾非古非今非新非舊阿。猛不防今時此刻我和爾卻簇嶄全新底和合了阿。和合了無爾無物只是我阿。無我無爾只是物阿。無物無我只是爾阿。爾只是和諧合聚底日月星辰山川物植阿。又誰知天地人物只是一一和諧合聚底羣衆阿。爾今無量無數底化身中一個底化身已新了阿。將續續以新偏爾千千萬萬萬萬千千底大化全身阿。新僧阿。新僧阿。知爾信爾思爾歌爾底只是爾新底僧阿。

第二章　僧義

第一節　僧之體義

尋此「僧」之一名。所名之「實」維何。明此所「名」之「實」。是曰僧之體義。梵語「僧伽」。古華言「和合衆」。翻以今語應謂之「和諧合聚之羣衆」。三人以上名衆。未及三人則不得以名衆。四人以上名僧。未及四人則不得以名僧。故「僧之本體相」卽爲「羣衆」。若離羣衆而爲孤寡單獨。理應不得以云「僧」也。

然猶有進。須「合聚」之羣衆。乃得云「僧」。雖羣衆而離隔分散。仍不得以謂之「僧」也。然猶未盡。必爲合聚且「和諧」之羣衆。乃得云「僧」。雖合聚羣衆而乖爭亂突。亦未得以謂之僧也。故應以此「和諧合聚的羣衆」。義爲僧之自體義。然此和諧與合聚及羣衆三義。所難者不在於羣衆。而在於「合聚」之羣衆。尤在於「和諧」之合聚羣衆。故惟和諧爲最難能可貴。嘗稽故訓。和之爲義。有事有理。理和惟一。曰同證眞如性。事之和有六焉。一曰身和同住。則何有華屋茅屋上牀下牀之異乎。二曰說和同悅。則何有妄言惡語兩舌多口之諍乎。三曰意和同懷。則何有幸災樂禍鬥狠報怨之違乎。四曰見和同解。則何有是非水火黑白冰炭之碍乎。五曰戒和同遵。則何有滋長過惡損害淨善之嫌乎。六曰利和同均。則何有富驕貧諂貪得患失之汚乎。懿矣休哉。此其和順諧協爲何如歟。

嗟夫嗟夫。古今賢哲者對於人世之羣衆。所絞腦鉢肝而不能已者。將何求乎。非求離隔分散者之歸合團聚乎。非求乖爭亂突者之和睦諧適乎。嗚呼美已。系以歌曰。

僧兮僧兮。和諧合聚之羣衆兮。一詠三歎兮。吾爲世人歡迎汝之合聚兮。吾爲人世歌唱汝之和諧兮。汝其聽兮。汝其來臨兮。

第二節　僧之量義

僧之量義。所以說明彼僧（指「和諧合聚的羣衆」）內包之容積外延之範圍者也。質言僧之「量」者。即和合衆存在上之「宇（空間）宙（時間）分限」是已。茲分二條說之。

第一條　僧量之古義

第一段　僧之古狹量義

古之所謂僧者。正指依佛律儀之出家人衆言。故其內包外延之界表之如下。

- 世人
  - 非佛教徒
  - 佛教徒
    - 非僧
      - 鄔波索迦
      - 鄔波索夷
    - 僧
      - 沙彌
      - 苾芻
      - 沙彌尼
      - 式叉摩那尼
      - 苾芻尼

除世間人類以外之異類。既不得依佛律儀而出家。其「不出家之佛教徒」又「

「非是僧」。故「僧」唯是依佛律儀而出家之「男女沙彌等五衆人」而已。男女必入沙彌律儀。乃入「僧之量內」。除此則皆在「僧之量外」。者沙彌等五衆人之特殊性。祇在「已依佛律儀誓終身捨離」「婬欲爲根之親眷」及「取著爲根之財產」耳。今中國通俗之所謂「僧」者。已失其「捨離取著爲根之財產」之第二特點。而日本之所謂「僧」者。則并「捨離婬欲爲根之親眷」之第一特點亦失之矣。故狹義純正之「佛教僧」。今此人世尚存否已成問題。按南印度南洋尚有於此予對於「中國現所謂之僧」。請附二議。（一）由每縣各佛教寺菴聯合組成一「某邑佛教財產經管處」由全邑各佛教寺菴僧公同處理支配之。按此予將由潙山倡辦之各縣區聯合爲道區。各道區聯合爲省區。各省區聯合爲國區。漸圖擴充。（二）由每縣各佛教寺菴聯合組成一某邑佛教經懺應赴處」由全邑各佛教寺菴僧公同辦理分配之。按此須仿公司章程辦理、予屢向人提倡、但由私利、尚難實行、其漸擴充至全國之聯合同上。竊謂必此二事成立。從消極方面言。中國之僧乃眞出家爲僧。以無復私產及傳承私產之私眷故。從積極方面言。僧乃眞能擔荷宏法利生事務。除宏法護教度世利衆無復家業故。在出家人顧名思義而實行此。本非難事。顧全中國十餘萬僧皆以私利私眷爲梗。終未有實行之希望。此予十六年來心底最深之痛痕也。（詳見海潮音所發表之整理僧伽制度論）

第二段　僧之古廣量義

然考經論。多有稱四向四果三賢十聖爲小大乘僧寶者。除第四果（或三四果）在人趣中必爲出家者外。其餘固可遍在諸趣及諸色人等者。是則諸有情類。無論所感之報所具之儀爲何形類。但已能修證得小乘向果大乘賢聖之道法者。皆可攝在僧之量內。不應以相狀拘礙也。此以捨「異生性」入「同生性」曰僧。乃勝義之僧義。昔天竺某論師依某聖者三升覩史陀天見慈氏。爲天像三次不能禮。次開示皆以拘世俗形狀以爲僧而不知勝義之僧。故但修證未臻初向初住者。在古之正義中。仍應格以前之狹量以別僧俗之界。故在家學佛者應居近事三寶之類。而不得妄同於已出家之僧也。要之。前說住持三寶中之僧寶。此言別相三寶中之僧寶。住持佛法於世間故。須前狹量之僧。修證佛法而出世故。有後廣量之僧。

第二條　僧量之今義

何者是僧量之今義曰、和諧合聚的羣衆之內包外延。是「今之僧量」義。茲分二段明之。

第一段　有情的

有情言「有知覺情意」之類。卽分二類言之。

第一　人情

就人類中。分爲十別。以此皆是羣衆。皆是已合聚之羣衆。皆可爲和諧合聚之羣衆。皆本應是和諧合聚之羣衆。故所分十別如下。

第一別　家族僧

家族者何。卽依「夫婦關係」爲根本所發生所成立之「人的羣衆」是也。使人類無一夫一婦、一夫多婦、多夫一婦之倫理法。則所生之子女。但知母而不知父。卽無父子關係。及既長大無賴於母。且復不記有母。亦亡母子關係。既不知「身所從生」之父母。寧復知「身所同生」之兄弟姊妹。以及父母所從生之高曾翁媪所同生之叔伯諸姑者哉。此既不知。寧復知自身及祖父子孫等妻女直接間接關係之親戚哉。故無夫婦必無家族羣衆。由家族羣衆而生遺傳財產之關係。由遺傳財產之關係而演成民族國民國家的羣衆。故無家族卽無國家。儒家之五倫的人道。全以夫婦爲基。故曰君子之道。造端乎夫婦也。此以夫婦爲基之家族的羣衆。原來必爲合聚。初始卽有能生父母所生。或同生弟兄三人或四人以上之合聚羣衆。此合聚羣衆卽應爲夫倡婦隨、父慈子孝、兄友弟恭之和諧者。且爲合聚之最難分散。及事勢上最易和諧者。故「家族」卽最良好之「和諧合聚的羣衆」。亦最自然之「僧」也。此家族僧以儒教之倫理及佛教之人乘最得和諧合聚之理。近人偏於個人主義、或社會主義、及國家主義之故。致令家族的羣衆漸成不合聚和諧之勢。然此實爲保持人倫理性最大關節。墮此卽爲禽獸。超此則爲天與三乘。今之世人大都奉法禽獸。卽動物進化例擾亂離散此「家族僧」。使人倫墮落於畜道。殊可悲矣。

第二別　學校僧

學校雖有由個人家族社會國家國際發生之不同。而教師學徒之關係。實爲合聚學校羣衆之中心力。或雖未成一學校之形式。而有以教師學徒關係合聚之羣衆。卽爲學校之類。已成形之學校羣衆。必爲合聚、可無待言。其中教者學者同教者同學者。皆應爲知覺情意道誼德行之最和諧者。亦無待言。故學校者實應爲「和諧合聚羣衆」之最完美者。而爲「僧」之模範者也。比來失其由教學團結之要素。轉成名位權勢生計所關之市易場。致呈混亂渙散之象。若由眞能教者眞求學者相攝持而成立。則靈山杏壇百丈等威儀蹌蹌之「和合衆。」何難重現於今世哉。

第三別　教寺僧

宗教之寺廟。爲住持及附從者以同一信心合聚之羣衆。若今基督教之教堂。有其住持之牧師及附從之教徒者是也。此其所要全在乎同一之信心。由此同一信心。感情得其安慰。意願有所歸着。此住持及附從相合聚之羣衆。果由同一信心爲本。自必和美諧洽。無諸乖舛。而爲一「和合衆。」及其末流。住持者取爲居奇之生業。附從者視爲夤緣之捷徑。不由「同一信心」之源泉而發動。致成背謬。世之有智者、已知今之牧師與教徒。已皆失對其基督之信心。故譏爲虛的基督教。以雖有形式名稱上之基督教團。而實非信心上和諧合聚之羣衆也。他教亦復如是。當如何發揮不二眞理。以呼起一般人之同一信心。形成爲信心上和諧合聚之衆。以爲世間可寶之僧。則當視其宗尚之教理有無圓滿成就之眞實義爲斷耳。

第四別　社會僧

社會羣衆之所和合。殆皆起於通力易貿無遷有之故。村落者農牧之社會。市場者工商之社會。城邑者軍政之社會。約之可別社會爲六。曰行業之社會。若商會工會農會醫生會律師會等。曰住籍之社會。若各同鄉會等。曰學術之社會。若哲學會、科學會、書畫會、音樂會等。曰政治之社會。若縣議會、省議會、國會、政黨等。曰娛樂之社會。若讌會、廟會、戲劇會、跳舞會等。曰特殊之社會。若歡迎會、追悼會、祈禱會、運動會、等。凡社會固皆合聚之羣衆。但其和諧與否。蓋尚難言。若能觀循其發持之條理。行不踰軌。必可爲「和合衆」之「僧」則無疑矣。

第五別　民族僧

人民種族之起。殆由家族擴張所致。或由多數家族及兩個以上之民族婚媾結合而成。由之其言語文字禮敎風俗性情嗜好。皆大致相似。而構成爲一個民族。此民族卽爲多數之羣衆。亦爲團居一地或團居數地之合聚羣衆。使其不受他民族或其他外緣及族內强烈之激變。則亦可爲合聚且和諧之羣衆。無以名之。名之曰「民族僧。」

第六別．國民僧

同一國籍之民衆曰國民。純由國家軍政權力所範持區分者。可一民族而成數國民者。可一國民而包數民族者。故與前民族異。國民爲合聚之羣衆。無待言說。然亦時有叛亂離貳之變。故不定爲和合。而由一民族構成之國民。較爲和合。但國民之爲物。本應爲和諧合聚之羣衆。故謂之國民僧。

第七別　國家僧

民族者國家之根也。（增上緣）國民者國家之種也。（親因緣）而國家則此根此種所現起之事也。此「國家事」表現之處。卽中央及各屬行政司法議會之機關。是扼要言之。則此機關皆爲佔守治育一國民之總產業而設者。以軍佔之。以警守之。以政治之。

以教育之國家之事軍警政教四事盡之然彼國家機關皆爲一合聚之羣衆而由此各機關總合之國家尤爲合聚之羣衆更無待言使國家有生存發達之象必其各機關之統率聯絡有如身使臂如臂使指之調適故良好之國家必爲一「和諧合聚之羣衆」應謂之國家僧

第八別　國際僧

有佔守治育一國民總產業之各個國家此國彼國分際以立而交相涉入之事遂繁重昔者中華以天下稱四周皆夷狄之故無國際之事然在周季七雄漢末三國之代亦嘗屢現其國際之事也歐洲向來諸國林立鑿美通亞以成今日此疆彼界之國際團盟敵和戰之變既殷互呈不安之態於是每作共同聯合和平妥協之謀此正由萬有皆以「僧」爲性故茲國際羣衆亦不能不力圖聯合平和之實現也然則「國際」非進化爲「和合衆」不足以暫存亦可知矣

第九別　人倫僧

人類以羣衆合聚且和諧爲性絕無孤寡分散乖逆得以生存之理蓋其能生所生

之間。已有三人。益以同生。爲數彌衆。加以長成存立所關。雖一人之生存。殆亦由橫遍大宇豎亘長宙之衆緣羣集而有。故人生倫理之所存。彌綸世界無乎不在。儒者據其切近言之。祇曰五倫。然夫婦父子兄弟之倫。乃家之桎梏。亦國之根荄也。君臣師資主從則國之楨幹也。獨朋友爲無乎不在之和合衆。爲人倫之至和合衆。何者。家之與國。皆不外二事爲執障。一曰婬愛爲根之私親。一曰佔據爲根之私產。由此二私。有家有國。除此二根。家空國空。故佛教之出家。質言之。卽捨此「婬愛所生私親」「佔著所成私產」而已。乃儒禮運所說大同之世。曰、不獨親其親。不獨子其子。選賢與能。天下爲公。再曰、力惡其不出身也。不必爲己。貨惡其棄於地也。不必藏之己。則私親私產捨。唯有人世皆朋友之羣衆。無復家與國之存矣。然此「人倫僧」與舊之佛教「出家僧」異。「出家僧」之外。猶有在家之羣衆。「人倫僧」之外。別無人羣。衆所異者一。「出家僧」中。須嚴師資長幼主從之別。而實無屬由婬愛而有之夫婦父子兄弟。「人倫僧」中。雖可無夫婦父子兄弟君臣師資主從之嚴別形名。而事實上不無能生之夫婦。從生之父子。同生之兄弟。以及敎學所關之師資行業所關之主從等所異者二。故「人倫僧」實非無夫婦父子兄弟也。特不同家與國以此爲構成之主要樞紐。其形名乃不復秩然以彰著耳。故此「人倫僧」者。乃依人類俱身而生「羣衆合聚且和諧」之公性。須待「人倫至極完成」而實現者。今世尙未至其期也。

第十別　人間僧

人生之宇宙曰人間。從現前與人有顯明之關係者言之。昔嘗表現其說於佛乘宗要論。茲引錄之。

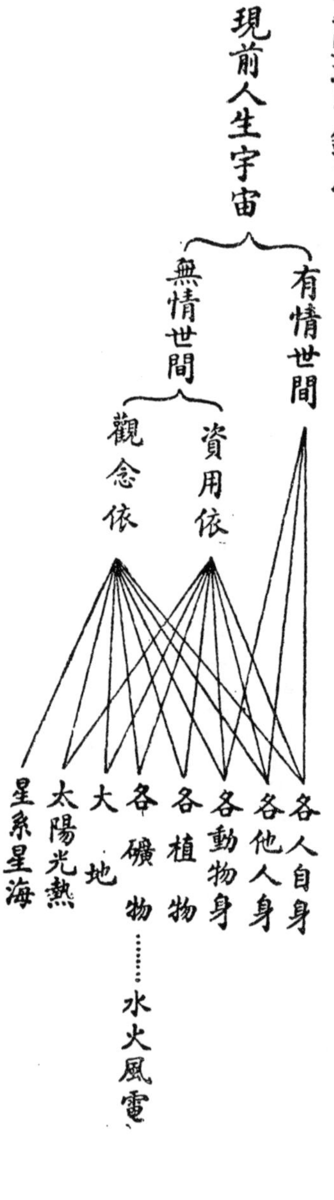

右表各人自身以下三項。屬有情世間。各植物以下五項。屬無情世間。無情世間所

屬事物。有爲人生資用所依者。有僅爲觀念所依者。或一或二。分別表列。茲就右表逆推而前以爲解釋。如星系星海與人本無甚關係僅爲觀察思念所及故屬於人之觀念依。而不爲資用依。太陽光熱大地鑛植爲觀念資用所俱依。其事易明。至有情世間之各項亦通於資用依。未免懷疑。殊不知各人之自身。亦爲各人資用所依。如科學言人身如一機器。百骸五臟或爲排泄器、消化器、呼吸器、生殖器等等。其爲人生所資器用之義。不甚明乎。各他人身。爲人身資用所依者。如以人之才之力之智之色之聲爲用。是若動物身。則或資其力。或竟用之爲衣食。尤不事辭費矣。以此而觀人間。則人間爲一和聚之羣衆。復爲一原有相當和諧程度之合聚羣衆。非甚瞭然之事實乎。但終未至完全「和合」之度而已。若能完全實現其「人間僧」之性相者。則即極樂世界。

第二　非人類

有情中之非人類者。有爲吾人所能知者。有爲吾人所莫知者。故分二別明之。

第一別　現前者

有情中之非人類爲吾人現前所知者。可大概分爲羽虫毛虫鱗虫介虫昆虫五類。其細類則雖億萬而莫窮。羽之鴻雁。毛之猿猴。以及昆之蜂蟻。皆有和諧且合聚之羣衆。可無論矣。卽推之餘類亦皆有合羣可能。且亦皆有和合可能。雖虎狼蛇蝎其同類亦常有聚居之事實。殆由皆含有兩性或他緣和合而生起之通德。故於「和諧合聚之羣衆性」無類而不存也。

第二別　非現前者

非吾人現前所能知之有情類。依佛智之所知。或說三界。或說四生。或說五趣。或說五地。或說十二類生。或說二十五有。乃至或說六十四有情類。無量數衆生類。茲約爲下表以明之。

有情大三界
- 有欲有形界類
  - 地居……小三界
    - 琰摩王界
      - 獄鬼
      - 餓鬼
    - 金輪王界
      - 畜生
      - 人生
    - 能天主界
      - 神仙
      - 天仙
  - 空居
    - 時分天
    - 知足天
    - 化樂天
    - 他化天
- 無欲有形界類
- 無欲無形界類

於金輪王界有現前所知者。即人類及羽蟲等。有非現前所知者。即他洲之人及未發見之羽蟲等。其餘琰摩王界能天主界以至空居四天與無欲（即無男女二性）界及無形界。均非吾人現前可知之有情類。然彼等之為「和合衆」則皆無異。雖至無形想化而生。亦由業感衆緣而得。故中庸曰盡人之性。盡物之性。窮理盡性至於命也。

第二段　非有情的

非有情類。遍周一切。茲分十類言之。

第一類　生物類者

立生物學之水平線上而觀之。則有情之動物與無情之植物。同為有「機能」有「活力」有「種性業性」之生物。然有情類已如前述。若無情之生物如草本木本之羣植。有花無花。有果無果。種種傳根、傳幹、傳枝、詳為析別。何慮億兆。順其種性栽培之則生長榮發。違之則萎瘁枯死焉。或依自類羣聚而生。或依他類附合而生。生氣流行之內。「和合衆」之情狀。無處不躍如也。此非所謂俯仰皆是、左右逢源者歟。

第二類　生理類者

生理學者。所以說明生物組織之機用之生元者也。故原始之生理學雖祇就人身研究。繼而進觀乎各動物各植物之生理現象。以爲比較而資會通。今且可由人身之生理貫通諸生物之生理矣。諸由剖解以察生理之情狀者。不能藉人身爲試驗。往往假之其餘動物。由其餘動物推之人。由人又可推之植物。草木有根荄。猶人有頭腦。人之頭腦向上。而草木之本柢鑽下。人之手足垂下。而草木之幹枝又上。此上下之殊也。人之筋脈臟腑內含。而草木之根絡（猶經脈）花（猶腎臟）葉（猶肺臟）外張。此內外之殊也。雖有上下內外之異。其爲生理機體組成則同。斷其根。截其絡。摘其花。除其葉。則或死或不能傳種。而傷其生害其理焉。故草木之傷其葉。猶人生之病肺焉。傷其根。猶人生之病其心腦焉。傷其花。猶人生之病腎焉。由生理學上而觀之。人生者何。一生理機件之組合而已。猶之一機器然。各機件中失一重要機件。卽失運用。然則各生物皆爲各機件聚合之羣衆體。且爲和協諧調之合羣體明矣。

第三類　礦物學者

第四類　天象學者
第五類　物力學者
第六類　物理學者
第七類　數理學者
第八類　名理學者
第九類　唯識論者
第十類　法界論者

第三節　僧之用義

第一條　佛的用義

第一段　行自覺義
第二段　覺他行義
第三段　覺行增勝義
第四段　覺行圓滿義

第二條　法的用義

第一段　本如是義

第二段　軌覺行義

第三段　徧相應義

第四段　施敎化義

第三章　新僧

第一節　新的僧

第二節　新於僧

第三節　新卽僧

第四章　餘韻

（以上第三類至第四章之文尙未脫稿俟二集續編）

中國人用中國法之自救

中國人向來自成爲一天地。中國之外。則胥爲蠻夷戎狄。雖由佛敎嘗認印度爲大國。然除佛教外既鮮他種之政治經濟等關係。亦夷之狄之而置於不見不聞耳。雖明季以來。乾嘉以前。曾有傳教經商之歐人來往。其等蠻戎猶昔也。故中國與今歐美亞各國成爲國際往來之一國。蓋始於淸道光十六年之鴉片戰爭。在鴉片戰爭前。中國人對外國人則輕之笑之而已。鴉片戰爭之後。忌之排之之心漸熾。積數十年爲拳匪之亂。然鴉片戰爭後。同時亦卽有羨之效之之心。其羨之效之者。則在乎鎗砲兵艦。以爲强國之道。唯在乎此耳。其結果則中日戰爭之失敗。由是其羨之效之者。更進一步而及軍政法律農工商業。庚子之後。既捨中國本有政教重心。將謂立國之道。胥賴乎彼。遂進行益力。其結果由淸末之立憲而成政柄迭更軍閥割據之民國。民國八年。新文化運動之思潮起。其羨之効之者。更進一步而及學術思想之文化根本。於是宗教政治經濟權力等。皆入於混亂劇變之中。乃成現在全體糜爛之時局。一變二變三變而至於今日。則知列强各國之種種民族戰團辦法。（見張東蓀之中國政制問題） 皆不能進之以援救中國。而此外則列强各國亦更無他法矣。有之則唯甘地等之印度自救法。而亦非救中國之法。故救中國非中國人自尋出一種救中國之法不可。

庚子之後。中國岌岌不可終日。以國危有救之之必要。而國人救國之心亦日熱切。觀日本之中興也有取法於鄰意。未幾而日本勝俄。遂以唯一能救中國者爲日本人。其時親日之熱度。可爲極甚。未幾而日本奪據朝鮮。又稍稍由親而畏至民四受迫訂二十一條約。乃對於日本之救中國。完全絕望。而大多人民皆仇敵視之矣。清末民初時。覘德之强。頗有仿效。且希望德國之能救中國者。至歐戰加入協約。則此希望亦告終矣。民初以來。多有希望美國之援助及拯救中國者。迨臨城刼車案起。乃美國首倡共管中國之說。於是中國人之有識者。漸知美國亦不能援救中國。至於民一四「五卅」案起。尤足令人恍然了知英法等列强諸國。皆不能扶救中國。而中國人之欲救中國。唯在中國人之努力自救而已。

既明唯中國人自用中國法。乃可以自救中國。則欲賴外國人及外國法之妄念。可以止矣。妄念止息。而內察中國之現狀。及內省中國之往情。將何從得其自救之法耶。

察中國現狀。非無政治也。特政治無國民性之道德以爲綱維。致爭營私人權利耳、非無軍備也。特軍備無國民之道德以爲綱維。致反成羣盜割據耳。非無教育也。非無實業也。特教育實業無民性之道德以爲綱維。致教育適以坑陷青年。實業因之停滯進步耳故今日非教育救國。實業救國。練兵救國。興進救國之需要。而唯以有一種（國民性之道德）精神。貫澈於實業教育軍警政法之間。以爲之綱格。以爲之維制。乃能各循正軌。而漸臻調協耳。

省之中國往情。唐漢而上之國民性德存在於今。此國民之活情意中者。殆潛消無痕矣。惟宋明來之國民性行。蓋猶爲今日最普通最深厚之國俗民情也。經元代而蒙古同化。經清代而滿珠同化。故雖間元清二代。適以恢宏宋明化之量而未嘗變失宋明化之質也。然宋明化之國民性德。爲何如之國民性德耶。則佛道儒三元素之融合精神耳。如團聚而淬礪振作之。則國民性之道德不勝用也。第余此說。非現時倡三教合一之粗惡的同善社、道德學社、悟善社、道院、救世新教等所能假借。蓋余之所提出者。乃經過現代西化所流行的科學哲學宗教等之精密審量。加以鑄

洗鎔鍊得有重興估定之價値者非漠然昧於現勢之開倒車的盲舉也今請分析言之

一、宗佛法以建信基也　吾華佛法至初盛唐始完備武宗毀後各宗皆衰落獨禪宗水邊林下自葆其眞復經五代以入宋初最稱隆盛不唯掩包佛敎之全局使時人知有禪而不知有佛但以禪稱抑且愚人卽頂門一錐要問渠未生前本來面目或當念佛是誰死後何存震盪得全國人心非向此中討個消息沒個斷疑生信處於是禪宗乃打入全國人之心底深處故宋明來不但佛敎各宗皆張設門戸于禪宗之信基上卽儒道二家之門戸亦張設於禪宗之信基上若宋儒之要靜坐要尋孔顏樂處要看未發前景象要先立乎其大乃至明得古聖賢之言皆爲我之注脚而道流若陳摶若張三丰等修命之前要先之修性其修性卽修止修定之別名耳雖儒道二家於佛之禪皆淺嘗輒退依舊回到其刑政倫常及長生固命之本旨以自張其曰儒曰道之門戸然嘗築信基於禪宗上則固爲事實之昭然不可掩者誠以非如此則當時之知識階級末由得個安心之地也此風至明末爲盛知識階級如此。演為庸俗之小說戲劇。皆處處可以見之。而劣陋之白蓮教。及袁了凡教。亦卽產生及培養於此種學者庸俗之風氣間。今日四川所流出之劉某與同善社等。皆吸其餘流者也。入清以來。禪宗之勢垂盡。已不可用。今之佛法。循盛唐之軌。復興。亦不須專用禪宗矣。然在此經過兩洋的基督教及哲學科學化後之時代。儒的祖先教。（儒之敬天意、亦以天為太祖耳、故儒以祖先為宗教、今生物學乃以人祖為猿、故難置信、）與道的天仙教。皆不能定信心之基矣。信基不堅。則建築在上者。皆隨時可以動搖傾敗。故非宗教佛法全體以堅立無可搖動之信心基礎不可。佛法全體之正信為何。則信有已成無上正徧覺者。信必有無上正徧覺、以明宇宙萬有之眞、及有能得無上正徧覺之種種方法。信有已從事修習於趨向正覺之方法者。及自己與衆人皆可從事趨向而必獲正覺。此之三信。換言之。卽皈依佛法僧耳。卽發起無上菩提之信心耳。勝解力故。樂欲乃起。勝解樂欲。心淨名信。由智而信。智信一致。非基督教等盲情之信仰。而不違於哲學科學之推究經驗。故唯此為足於今世裂難斷之疑網。建不拔之信基也。至由研教參禪、及其他佛教中之方便等。要皆為建此皈依佛法僧之信基而已。人心上若非築成此信基則終在倀倀乎惘惘然中混過一生。豈不深可惜哉。

二、用老莊以解世紛也　晚明憨山大師常言。不知孔孟不能經世。不知老莊不能忘世。不知佛法不能出世。今世御物質之華美。頌淫靡爲文明。恣言行之放僻。標競爭爲進化。是非有刋落文明。糞除進化。若老莊之鎮以無爲之樸。貞乎自然之淳者。其不爲西洋化之環境所迷惑馳騖者。蓋戛戛乎其難也。是則章太炎之齊物論釋最能稱乎其職。

三、宗孔孟以全人德也　信基建則天君定。世務解則亂賊除。如藝術園然。種得時地。則生機勃發。而積極之精神具矣。園以短垣。則患害不侵。而消極之防衞成矣。常繼施孔孟之道。以勤耕耘灌漑。然後發榮滋長。以成爲枝葉扶疏花果繁碩之園林焉。孔孟之道。言其大要。則施行五常於五倫以全人德耳。五倫乃秩序之人羣。五常乃理性之人心。實現乎人羣人世者。昔嘗與衞君西琴言之。茲摘錄以明大意。

人生宇宙之實際
- (外表形下的) 物質 ── 人世、人羣
- (內容形上的) 精神 ── 人羣、人心

渾然一體

西洋大部文化。偏於外表形下的。東洋小部文化。偏於內容形上的。孔家儒化。是符合外內上下渾然一體之宇宙人生實際施行者。注重之點在乎人羣(一)如何調達人羣之內心。使發為適宜人羣性之常德倫理。(此倫常為儒之中堅)(二)如何制用人羣之効世。使成為適宜人羣生活之器具事物。(此事物為儒之表面)依第(一)條則佛之五戒老之三寶。(慈儉讓)雖皆近之。而不及孔孟於此之最為詳審精切。故當宗孔孟。依第(二)條則雖不同西洋之專務物質文明。而厚生利用諸科學及軍工農商之適宜人羣生活者。皆應攝受開發。使(人羣)能制用(外事)而不為外事之所制。則對於西洋化亦儘有容受消融之餘地。內養人心之正。外應人世之變。以成為具有倫理常德之人生。是孔孟宗旨之所在也。故孟子曰。人倫之至謂之聖。章君太炎曰。宋明理學諸師。所以肯直趣佛法者。祇以其道玄遠。學之者多遺民義。故為此調停補葺之術。然苟識其情。厲行六度。亦與儒術相依。唯有漏無漏為異。若撥棄人乘之義。非獨不益世法。亦於六度有虧矣。大抵六度本自平等。十善乃其細者。在家出家皆不能離十善。東聖西聖亦並依於六度。以此倡說。自然殊塗同歸。(見余所著人生觀的科學後序）亦可謂知其旨已。

四、歸佛法以暢生性也　佛稱大雄。依佛立信。誠勇者之不懼。老稱大玄。用老忘世。誠智者之不惑。孔稱大成。宗孔成人。誠仁者之不憂。備三達德。人德全矣。然德業方新。老病已迫。無長不消。無成不毀。既濟終於未濟。有生歸於必死。而此老病死三關。任英雄豪傑。亦無術以衝決。人世之可傷心隕涕者。寗有過於是哉。道家長生之說。欲有生而無老病死苦也。印度灰滅之論。因老病死而並欲無生也。是皆未明生理。故失於闕乎生。而未能暢達乎其性也。唯大乘佛法之明緣生性空。乃能宣暢生性。蕩然無閡。使老病死不留痕迹。言緣生則莫善賴耶之非斷非常（具詳唯識）言性空則頓顯眞如之不生不滅（具詳三論）不生不滅。則生老病死之事本無。非斷非常。則愛生惡死之情何寄。苟知乎此。其最低限度。不惟乘萬化而未始有極。樂不勝計。且能自擇於萬化之間。操人定勝天之樞紐。以優遊乎人天善道。漸成增進。其上者則直趨無上菩提。三無數劫。有進無退。淨法滿足。究竟常住。必如此然後人樂爲善。亹亹不倦。以相引進而靡極。故吾人既得平生。如何乃能不虛此生。非佛法不能賦與充分之意義。及永存之價值。而人生遂必以歸佛爲終也。

茲之四義、皆就中華國民中固有之心德條理而揭出之者。撮爲一圖如左。

中華之國民性道德圖

佛法
- 始信……老莊消極以忘世
- 終王……孔孟積極以成人

觀此中華之國民性道德圖。則可知今日欲求中華國民性之道德。必始乎佛法。終乎佛法。舍佛法莫爲功也。誠能發揮光大。篤行實踐乎此者。則如病危之際。眞元恢復。然後固之以軍警。理之以行政。培之以教育。資之以實業。調而養之。可臻健康。區區一得之見。願邦中君子進而教之。

後題

整理僧伽制悲深願豈奢

弘綱廣百丈絕學續三車

行在瑜伽本心開般若花

著般方便說種子定生芽

無詰

國家圖書館出版品預行編目資料

太虛大師開示語錄. 1,雅言篇 / 太虛大師著. -- 初版. --
新北市：華夏出版有限公司, 2024.03
面；　公分. --（圓明書房；039）
ISBN 978-626-7296-84-4（平裝）
1.CST：佛教 2.CST：佛教說法 3.CST：文集

220.7　　112015282

圓明書房 039
太虛大師開示語錄 1：雅言篇

著　　作　太虛大師
出　　版　華夏出版有限公司
220 新北市板橋區縣民大道 3 段 93 巷 30 弄 25 號 1 樓
電話：02-32343788　傳真：02-22234544
E-mail：pftwsdom@ms7.hinet.net
印　　刷　百通科技股份有限公司
電話：02-86926066 傳真：02-86926016
總 經 銷　貿騰發賣股份有限公司
新北市 235 中和區立德街 136 號 6 樓
電話：02-82275988　傳真：02-82275989
網址：www.namode.com
版　　次　2024 年 3 月初版一刷
特　　價　新臺幣 380 元（缺頁或破損的書，請寄回更換）

ISBN-13：978-626-7296-84-4